오늘도 펭귄처럼
용감하게 살아가는
＿＿＿＿＿＿＿ 에게

착한 펭귄
사나운 펭귄
이상한 펭귄

일러두기

- 작가의 기억을 토대로 작성한 일기들을 책으로 옮겼기 때문에 지명, 날짜 등의 오류가 있을 수 있습니다.
- 제목에 해당하는 [착한 펭귄 사나운 펭귄 이상한 펭귄] 분류는 작가의 개인적 의견에 따른 것으로, 연구자에 따라 다른 의견이 있을 수 있습니다.
- 이 책의 현장 조사는 해양수산부 극지 및 대양과학 연구사업(20170336) 지원을 받은 [남극해 해양보호구역의 생태계 구조 및 기능연구(PM17060, PM18060)] 및 환경부 용역과제 [남극특별보호구역 모니터링 및 남극기지 환경관리에 관한 연구(1,3,4,5)(PG14030, PG16040, PG17040, PG18040)]의 일환으로 수행되었습니다.

착한 펭귄
사나운 펭귄

이상한 펭귄

남위 74도, 펭귄의 길을 따라가다

정진우 지음

지식인하우스

PROLOGUE

남극에 간다는 건, 어쩌면 기적

그것은 행운이고 어쩌면 기적 같은 일이었다.

선배 연구자로부터 남극에서 함께 일하자는 제안을 받았을 때 다른 것들은 고민할 여유가 없었다. 외국에도 몇 번 가 보지 못한 나에게 남극을 간다는 것은 상상 속에서나 가능한 일이었기에, 일단은 두 발로 직접 남극 땅을 밟고 싶은 마음뿐이었다. 그렇게 처음 남극에 발을 들인 이후 만 8년간 세종기지와 장보고기지에 총 아홉 번 방문했다.

아직까지도 그렇게 여러 번 남극을 다녀왔다는 사실이 믿기지 않지만, 어느 순간 남극이 익숙해진 뒤부터 처음의 기분이 사라지고 있음을 알게 됐다. 이런 기적 같은 순간들이 언젠가 '과거의 그냥 좋았던 기억'이 되어 버릴 수도 있겠다는 생각이 들었다. 그래서 기록을 하기로 마음먹었다.

만 8년 동안 약 70번의 비행과 3번의 아라온호 항해, 50회 이상 헬기를 타며 남극을 보았다. 이제 남극기지에서 만났던 사람, 사건 그리고 펭귄에 대한 이야기를 남기고자 한다.

남극을 그리는 어느 날로부터

정진우

CONTENTS

PROLOGUE _ 남극에 간다는 건, 어쩌면 기적

Part 1
남극에는 펭귄 씨가 살고 있습니다

착한 펭귄, 사나운 펭귄, 이상한 펭귄
그중에 제일은 이상한 펭귄이라 · 014

펭귄은 용감하지 않다
생존을 위한 눈치 싸움 · 020

황제펭귄에게 포위당하다
사람이 구경거리가 된 날 · 026

장보고기지에 방문한 펭귄 손님
"꽤액!" 부르자, "꽤액!" 답했다 · 031

개성만점 4차원 아델리펭귄
요리 보고 저리 봐도 알 수 없는 · 037

아델리 나라의 황제펭귄
혼자 거기서 뭐하니? · 043

아델리펭귄 실종 사건
성깔 있지만 겁도 많아요 · 047

어미와 새끼의 남극 대 추격전
어미 펭귄은 대체 왜 도망가는 걸까? · 054

아델리펭귄에게 관찰당하다
호기심쟁이 펭귄을 만난다는 것 · 061

돌아오지 않는 펭귄을 기다리며
기다림은 힘들다. 사람도, 펭귄도 · 065

펭귄들은 매일 목숨을 걸고 바다에 나간다
다리를 다친 펭귄을 보았다 · 069

펭귄의 길을 따라가다
이 해빙의 끝은 어디쯤에 있을까 · 073

펭귄 마을에 비가 내린다
새끼 펭귄 최대의 적, 비 · 077

황제펭귄의 죽음 앞에서
펭귄의 사인에 대해 생각하다 · 081

갈색 펭귄을 보았다
브라우니와 골드니 이야기 · 088

새끼 펭귄 입양 보내기
기쁘면서도 슬펐던 어떤 날 · 093

펭귄은 깨끗하지 않다
남극에 깔끔한 연미복 신사는 없다 · 100

짝을 부르는 소리가 들린다
얇은 날개를 퍼덕이며 목청껏 · 105

죽음은 언제나 삶의 가장 가까운 곳에 있다
자연에서 삶과 죽음은 다르지 않다 · 108

새끼 펭귄이 죽어 있었다
모든 새끼가 살아남을 수는 없겠지만 · 113

하늘을 나는 펭귄의 비밀
등도 검고 배도 하얗지만 펭귄은 아닙니다 · 117

도둑갈매기는 그 사람을 기억하고 있다
혹시 전생에 도둑갈매기와… 원수? · 123

눈과 얼음으로 둘러싸인 사막
물을 찾아 헤매는 동물들 · 127

'그' 도둑갈매기들은 사람을 경계하지 않았다
사람이 낯선 그 새들 · 134

어린 물범을 만나다
도대체 어떻게 들어간 거야? · 137

펭귄은 멸종했다
그 펭귄이 그 펭귄이 아니에요 · 143

펭귄 알 사수하기
사실 도둑갈매기는 영리하다 · 147

남극에는 무수히 많은 죽음이 산다
간섭 가능한 '선'이란 대체 어디까지일까 · 152

크릴이 남극을 먹여 살린다
새우가 아니에요 · 156

펭귄이 떠난 자리에 겨울이 온다
번식기가 끝난 후 · 163

Part 2
눈과 얼음의 대륙으로 초대합니다

얼음의 땅 남극으로 출장을 간다
올 때마다 낯설고 설레는 · 170

남극의 아주 평범한 하루
비록 밥 먹으러 가는 길은 험할지라도 · 174

오로라, 찬란한 남극의 선물
우주에서 가장 경이로운 빛을 만나다 · 179

장보고기지를 덮친 눈 폭풍
바람이 눈을 몰고 온다 · 185

바야흐로 남극에 겨울이 찾아왔다
진짜 '밤'이 시작되는 계절 · 188

그해 여름은 춥지 않았다
남극에도 따뜻한 날은 있다 · 191

남극의 여름은 한국의 겨울보다 따뜻하다
굳이 말하자면, 기온은 그렇다만 · 198

역사가 녹은 빙하를 마신다
역사를 맛보다 · 202

남극의 화산이 살아 있다
끓는 물 주전자의 수증기처럼 · 207

미지의 땅 남극을 비행하다
빙하와 펭귄의 운명이 다르지 않다 · 211

얼음 동굴 만들기
남극에서 이글루를 체험하다 · 215

아름다운 악취의 번식지
냄새의 기억은 오래 남는다 · 220

무너진 텐트 살리기 대작전
남극에서는 무슨 일이 생길지 모른다 · 225

바람뿐인 남극의 어느 새벽에
펭귄들의 울음소리가 바람과 섞이는 날 · 231

인간이 두고 간 이상한 번식지
쓰레기 사이에 둥지를 지은 펭귄들 · 236

남극에선 드론도 길을 잃는다
쉬운 일이 하나도 없다 · 242

뚜벅이 연구자의 발을 대신하다
남극기지의 탈것들 · 247

아빠는 매년 남극으로 떠났다
열 밤만 자고 돌아온다던 거짓말을 반복하며 · 253

EPILOGUE _ 펭귄의 삶을 응원하며

Part 1

남극에는 펭귄 씨가 살고 있습니다

착한 펭귄, 사나운 펭귄, 이상한 펭귄

그중에
제일은
이상한 펭귄이라

많은 펭귄을 만나다 보니 종마다 다른 성격을 가지고 있다는 걸 알게 되었다. 처음 만난 펭귄은 세종기지에 번식하는 젠투펭귄과 턱끈펭귄이었다. 이후에 장보고기지로 연구지를 옮긴 이후부터는 아델리펭귄과 황제펭귄을 만나게 되었다.

 이 네 종의 남극 펭귄 중에 가장 온순한 펭귄은 황제펭귄이다. 황제펭귄은 워낙 남극 깊은 곳에 번식하는 펭귄이라 인류가 가장 늦게 발견한 펭귄이다. 남극 대륙에서 사람들이 활동한 것은 불과 100여 년, 황제펭귄은 그 전까지 오랜 시간동안 '인간'이라는 존재를 만나지 못했을 것이다. 그래서 그런지 사람들이 다가가도 딱히 위협적인 동물로 인식하지 않는 것 같았다. 번식지로 다가가면 많은 비(非)번식 개체들이 우리를 향해 다가오기도 했다. 호기심에 다가온 황제펭귄들은 연구자들의 주변을 둘러싸고 자신들과 비슷하게 이족보행하는 동물들을 관찰했다. 관찰 대상이 서로 뒤바뀐 것이다. 하지만 모든 황제펭귄이 그렇게 행동하는 것은 아니다. 새끼를 데리고 있는 펭귄들은 사람이 다가가면 슬금슬금 반대 방향으로 피한다. 호기심보다는 새끼를 보호해야 한다는 본능이 더 강하기 때문일 것이다. 대부분의 황제펭귄들은 가까이 다가가도 크게 놀라거나 공격적인 반응을 보이지 않는다. 그냥 조용히 그 자리를 뜨거나, 우리가 멈춰 설 경우 가만히 응시하다가 제 할 일을 하곤 했다.

젠투펭귄, 턱끈펭귄과 더불어 아델리펭귄은 같은 속(Genus Pygoscelis)의 펭귄으로 일명 붓꼬리펭귄속이라고 불린다. 꼬리가 길어서 걸어갈 때는 바닥에 끌릴 정도이다. 서식 범위는 조금씩 차이가 나는데, 아델리펭귄은 남극 대륙에서부터 아남극 지역까지 분포하고, 턱끈펭귄과 젠투펭귄은 주로 아남극권(남위 62도)에 분포한다. 세종기지가 위치한 킹조지(King George) 섬은 아남극권으로 분류되는 지역인데 이 섬에서는 3종의 펭귄이 모두 번식한다. 세종기지에서 가장 가까운 펭귄 번식지인 나레브스키 포인트(Narębski Point)에는 젠투펭귄과 턱끈펭귄 2종이 번식하지만, 가까운 지역에 아델리펭귄이 번식하고 있어 간혹 아델리펭귄도 관찰할 수 있다.

젠투펭귄은 이 3종의 펭귄 중에서 가장 온순하다. 사람으로 따지면 착하게 보이기까지 한다. 겁이 많고 민감한 젠투펭

- 첫 번째 착한 펭귄, 황제펭귄.
  지구상에서 가장 큰 펭귄이자
  남극 펭귄 중 가장 온순한 녀석이다.
- 두 번째 착한 펭귄, 젠투펭귄.
  겁이 많고 민감하다.
  사람이 다가가면 둥지를 버리고 달아나니
  조심, 또 조심.

권은 둥지 가까이로 다가가면 많은 수가 둥지를 버리고 달아나기 때문에 접근할 때 조심해야 한다. 그렇지 않으면 펭귄이 둥지를 벗어난 동안 도둑갈매기가 펭귄의 알이나 새끼를 훔쳐가 버릴 수도 있기 때문이다. 또한, 남극의 낮은 기온 때문에 잠깐만 둥지를 벗어나도 알이 식어 부화에 실패할 수도 있다. 이런 이유 때문에 젠투펭귄을 연구할 때는 멀찍이 떨어져서 관찰해야 한다. 불가피하게 접근하더라도 가만히 펭귄의 행동을 관찰하다가 도망갈 것 같으면 얼른 자리를 비켜줘야 한다. 그래서 젠투펭귄을 조사할 때는 항상 신경이 곤두서곤 했다. 연구자로 인해 젠투펭귄이 피해를 보면 안 되기 때문이다.

이 펭귄들 중에서 성깔이 가장 사나운 펭귄은 턱끈펭귄이다. 턱끈펭귄은 매우 공격적이다. 둥지가 있는 곳에 가까이 다가가면 엄청나게 공격적으로 물고 쪼아 댄다. 대신 둥지를 벗어나 도망가는 개체는 거의 없어서 연구할 때는 제일 편한 종이기도 했다. 불가피하게 펭귄을 붙잡아 로거를 부착하거나 인식 칩을 삽입할 때도 턱끈펭귄이 편했다. 소심한 젠투펭귄들은 쉽게 둥지로 돌아가지 않는 녀석들이 있어서 항상 주의를 기울여야 했다. 반면 턱끈펭귄은 공격적이고 사나워 많이 물리기도 했지만 포획했다가 놔 주면 금방 둥지로 돌아가 아무렇지 않은 듯 행동하기 때문이다.

- 사나운 펭귄, 턱끈펭귄.
  순해 보이는 눈을 가졌지만,
  실은 남극 펭귄 중 가장 사납고 공격적이다.
- • 이상한 펭귄, 아델리펭귄.
  친한 척 다가오다 갑자기 놀라 공격하기도 한다.
  종잡을 수 없는 매력의 소유자.

아델리펭귄은 이 중에서 가장 특이한 성격을 가졌다. 개체별로도 성격이 달라서 어떤 녀석들은 턱끈펭귄보다 공격적이고, 어떤 녀석들은 젠투펭귄만큼 순했다. 사람에게 호기심을 느껴 황제펭귄처럼 다가오다가도 갑자기 놀라 화를 내며 바짓가랑이를 물고 날개로 공격하기도 했다. 반면에 어떤 녀석들은 가만히 지켜보다 돌아가기도 했다. 펭귄 번식지 인근에서 캠프를 하고 있으면 어김없이 일부 아델리펭귄들이 캠프지로 정찰을 나왔다. 그리고는 한번 휙 둘러보고 번식지로 돌아갔다. 번식지 근처에 새로 생긴 신기한 구조물에 호기심이 생겨 다가오는 것 같았다. 또, 무심코 펭귄 곁을 지나가다가 어디선가 다가온 아델리펭귄에게 공격을 당한 경우가 한두 번이 아니었다. 때문에 아델리펭귄 번식지에서는 항상 신경을 곤두세우고 있어야 했으며, 근처에 아델리펭귄이 있으면 조심스럽게 돌아가곤 했다.

황제펭귄은 커다란 몸과 화려한 깃털, 그리고 귀여운 새끼 덕분에 인기가 좋지만 번식지에서 만난 황제펭귄은 조금 심심한 느낌이었다. 워낙 순하고 여유 있는 모습에 조금 재미가 없었다고나 할까. 재미로 따지면 아델리펭귄이 최고다. 전혀 예측할 수 없는 행동들을 많이 하는 아델리펭귄이 그래서 제일 매력적이었다. 보고만 있어도 재밌는 펭귄이다.

펭귄은 용감하지 않다

생존을
위한
눈치 싸움

펭귄들이 해빙(바닷물이 얼어서 생긴 얼음) 끝에 모여들었다. 처음에는 몇 마리가 안 되었는데, 계속해서 모여들더니 백 마리를 훌쩍 넘긴 큰 무리가 되었다. 모두들 두리번두리번 바다를 보며 앞선 펭귄이 뛰어들기를 기다리고 있다. 용감한 퍼스트 펭귄 한 마리가 뛰어들면 다른 녀석들도 같이 뛰어들 것이다.

그러나 어찌 된 영문일까. 맨 앞에 있던 펭귄이 주춤주춤 물러서더니 결국 뒤돌아서 무리의 맨 끝으로 돌아갔다. 어부지리로 맨 앞에 서게 된 펭귄의 표정이 어쩐지 어리둥절해 보였다. 뒤에서 자꾸자꾸 밀며 뛰어들기를 강요하자 해빙의 끝까지 밀린 녀석은 앞선 녀석처럼 맨 뒤로 도망가 버렸다. 이게 어찌 된 일일까? 용감한 퍼스트 펭귄이 나서서 뛰어들어야 하는 거 아닌가? 이 무리에는 용감한 퍼스트 펭귄이 없는 것일까?

물론 야생에서의 용감함은 목숨을 보장해 주지 않는다. 비겁할지언정 오래 사는 게 낫다. 자연에서의 실수 또는 불운함은 단순히 실수와 불운에서 끝나지 않고 목숨까지 위태로워지는 경우가 대부분이기 때문이다.

바다에는 포식자 표범물범이 펭귄을 기다리고 있다. 표범물범은 길목에 숨어 펭귄들이 바다에 뛰어들기를 기다렸다가 쫓아가 잡는다. 새끼를 키우고 있는 펭귄에게 죽음은 혼자만의 것이 아니다. 자신이 죽으면 둥지에서 먹이를 기다리고 있는 새끼들의 죽음이 뒤따른다. 펭귄이 소극적일 수밖에 없는 이유다. 먼저 뛰어드는 펭귄은 그만큼 포식자에 노출될 확률이 높아지기 때문이다.

무리의 규모 또한 중요하다. 소규모로 뛰어들면 잡아먹힐 확률이 증가한다. 무리의 규모가 커질수록 잡아먹힐 확률은 감소한다. 자연에서 대부분의 약한 동물들이 취하는 방어 전략인 '희석 효과'이다. 말 그대로 '뭉치면 살고 흩어지면 죽는다'는 중요한 자연의 원리다. 또한, 무리가 커질수록 바다를 감시하는 눈도 많아진다. 포식자의 출현을 더 빨리 알아채고 대비할 수 있다.

그렇다면 누가 먼저 뛰어들 것인가? 바닷가에서 지켜본 지 수십 분이 지났지만 먼저 뛰어드는 펭귄이 없었다. 얼마의 시간이 흘렀을까. 드디어 마음 급한 펭귄 한 마리가 바다로 뛰어들었다. 먹이를 보채는 새끼들을 생각하면 이렇게 계속 기다릴 수만은 없는 노릇이다. 퍼스트 펭귄이 나타나기만을 기다려 온 모든 겁쟁이 펭귄들이 뒤따라 바다로 뛰어들었다. 멀찍이 무리에 합류 중이던 펭귄들도 기회를 놓치지 않기 위해 달려와 바다로 뛰어드는 무리의 꼬리에 합류했다. 펭귄들은 번식지 앞바다를 벗어나기 위해 필사적으로 점프하며 멀어져 갔다. 다행히 표범물범에게 잡힌 개체는 없었다.

바다로 뛰어드는 펭귄 무리를 오랜 시간 지켜보았다. 용감하게 먼저 뛰어드는 펭귄도 있었지만, 대부분의 펭귄은 앞선 개체가 뛰어들기만을 기다렸다. 뒤에 있는 무리는 슬금슬금 앞선 펭귄들을 배로 밀었고, 앞선 개체들은 밀리다가 자세도 잡지 못하고 바다로 떨어지는 경우도 있었다. 이럴 때도 겁쟁이 펭귄들은 늦을 새라 한꺼번에 바다로 뛰어들었다.

한 무리의 잠수가 끝나자 해안가에는 또다시 바다로 가기 위한 펭귄들이 하나둘씩 모여들기 시작했다. 겁쟁이들 사이의 눈치 싸움이 시작되었다. 어느 정도 큰 무리가 형성될 때까지, 또 그중 한 마리가 뛰어들 때까지 눈치 싸움은 계속될 것이다.

이때다 싶은 황제펭귄들이
뒤따라 모두 바다로 뛰어들었다.
목숨이 걸린 일에 자존심은 사치다.

펭귄들은 매일 바다를 오가며 목숨을 건다. 먹이를 구하기 위해서는 위험한 바다에 뛰어들어야 한다. 번식지에 많은 수가 모여 살면 서로 정보를 교환하고 포식자에 함께 대항할 수 있는 장점이 있지만, 포식자의 관심을 불러 모은다는 단점도 있다. 거의 모든 펭귄 번식지 앞에는 표범물범들이 바다를 오가는 펭귄을 기다리고 있다. 표범물범은 하루 최대 40마리가 넘는 아델리펭귄을 포식한 기록이 있다. 펭귄에게는 저승사자와 같다. 표범물범뿐만 아니라 때로는 범고래 같은 더 큰 포식자도 나타나며, 웨델물범 같은 비교적 온순한 동물도 기회를 노려 펭귄을 잡아먹는다.

황제펭귄의 번식지 앞에도 언제나 표범물범이 대기 중이다. 덩치가 큰 황제펭귄도 표범물범에게 대항할 정도는 아니다. 이곳에서도 아델리펭귄 번식지와 마찬가지로 눈치 보기가 이어진다. 다른 펭귄이 뛰어들기 전에는 절대로 먼저 뛰어들지 않겠다고 작정한 황제펭귄들이 앞선 펭귄을 몸으로 밀며 기다린다. 도저히 뛰어들 마음이 없는 무리에서는 뒤에 서 있던 펭귄들이 다른 무리로 이동했다. 먼저 뛰어들어 줄 펭귄을 찾아 펭귄들의 눈치 싸움이 계속된다. 지나가던 아델리펭귄 한 마리가 바다에 뛰어들었다. 이때다 싶은 황제펭귄들이 뒤따라 모두 바다로 뛰어들었다.

목숨이 걸린 일에 자존심은 사치다. 누군들 포식자가 기다리는 바다에 먼저 뛰어들고 싶을까. 용감하지 않다고 했지만 매일 자신과 새끼들을 위해 바다에서 목숨을 거는 펭귄이 용감하지 않다고 말할 순 없을 것이다.

먼저 뛰어들어 줄 퍼스트 펭귄을 기다리지만, 결국 언제나 반드시 한 마리는 선두에 서서 바다로 나갔다. 펭귄들은 두려움보다 생존을 위한 싸움을 매 순간 겪어 내고 있다. 나는 얼마나 펭귄들만큼 용기를 내며 살고 있나, 문득 생각하게 되었다.

황제펭귄에게 포위당하다

사람이
구경거리가
된 날

처음 장보고기지에 방문한 후 황제펭귄 번식지를 갔을 때의 일이다. 보호 구역으로 지정된 곳이라 헬기는 번식지 외곽 1km 이상 떨어진 곳에 내려야 했고, 펭귄들이 있는 곳까지는 눈길을 걸어 이동했다. 헬기에서 내려 황제펭귄 번식지 방향으로 걷기 시작했을 때 멀리서 펭귄들이 우리 방향으로 줄지어 오고 있는 것이 보였다. 이게 무슨 일이지? 우리는 곧 황제펭귄 무리에 둘러싸였고 펭귄을 보러 온 우리가 오히려 펭귄의 구경거리가 되어 있었다.

황제펭귄은 남극의 깊숙한 곳에서 번식하는 종이기 때문에 사람들이 남극에 오기 전 수천 년 동안은 사람을 본 적이 없었을 것이다. 남극에 사람들이 오게 된 지 백여 년이 지났지만 여전히 남극에서 사람의 활동은 극히 제한적이다. 그동안 황제펭귄이 사람을 만날 확률은 매우 적기 때문에 황제펭귄에

가만히 있으면 바로 앞까지 다가와
부리로 옷자락을 물어보는 개체들도 있었다.
어느 순간 관찰 대상과 관찰자의
입장이 바뀌어 있었다.

게 사람은 '위협적인 대상'이라는 인식이 생기지 않았을 가능성이 높다.

황제펭귄의 이러한 특성을 몰랐기에 기지 복귀용 헬기가 도착했을 때 다가오는 펭귄들의 접근을 막았다. 펭귄이 헬기 때문에 다치기라도 할까 봐 서너 명의 사람들이 황제펭귄을 가로막았지만 밀려오는 황제펭귄들을 다 막기에는 역부족이었다. 사람을 뚫고 들어온 펭귄들은 금세 헬기 주변을 둘러싸 버렸다. 다행히 헬기에 시동을 걸자 소란스러운 프로펠러 소리 때문에 더 이상 접근하지 않았지만 말이다.

황제펭귄은 무리 지어 사람에게 몰려올 때 모든 개체가 한 번에 오지는 않았다. 멀리서 사람이 보이면 무리의 선두에서 한두 마리가 사람 쪽으로 오기 시작하고, 뒤이어 모든 개체들이 열을 맞추어 따라왔다. 아마도 뒤에 있는 개체들은 앞선 개체가 왜 가는지도 모르고 따라오는 게 아닐까 싶었다.

번식지의 안쪽에는 새끼를 데리고 있는 황제펭귄들이 모여 있었다. 사람에게 다가오는 펭귄들은 주로 새끼를 데리고 있지 않은 개체들이 많았다. 그런 개체들은 번식지의 가장자리에 있다가 사람이 나타나면 모여들었지만, 안쪽에서 새끼를 데리고 있는 개체들은 새끼 때문인지 다가오는 경우가 거의 없었다. 호기심보다는 새끼를 보호해야 한다는 본능이 강해서일 것이다. 번식지에 너무 가까이 다가가면 혼란을 줄 수 있어 가장자리를 빙 돌아 움직였다. 움직이는 동안에는 모여들지 않던 펭귄들이, 잠시 휴식을 하거나 멈춰 있으면 슬금슬금 다가왔다. 바람을 피하기 위해 임시로 쳐 놓은 텐트 주위와 헬기 주변으로 점점 많은 수의 황제펭귄들이 몰려들어 둘러싸고 있었다. 가만히 있으면 바로 앞까지 다가와 부리로 옷자락을 물어보는 개체들도 있었다. 어느 순간 관찰 대상과 관찰자의 입장이 바뀌어 있었다. 신기한 경험이었다.

한국에서 아이와 함께 찾았던 동물원이 떠올랐다. 자유를 억압당하고 갇혀 있는 동물들의 초점 없는 눈동자와 우리 앞에 모여든 호기심 가득한 황제펭귄들이 비교되었다. 한국에 돌아가면 아이에게 동물원의 동물들과 자유로운 야생의 황제펭귄 얘기를 해 줘야겠다고 생각했다. 그리고 동물원보다는 야생의 동물들을 만나게 해 주리라 다짐했다.

자유를 억압당하고 갇혀 있는 동물들의 초점 없는 눈동자와
우리 앞에 모여든 호기심 가득한 황제펭귄들이 비교되었다.

장보고기지에 방문한 펭귄 손님

"꽤액!" 부르자,
"꽤액!" 답했다

장보고기지에는 숙소가 부족하다. 1년 동안 남극에서 체류하는 월동대는 17명이지만, 하계 기간 동안 장보고기지에 체류하는 인원은 100명이 넘을 때도 많다. 그중에서도 우리 팀은 11월 초에 남극에 들어와 2월까지, 하계대 중 가장 긴 시간 동안 남극에서 머문다. 들고 나는 사람들 일정을 조율해 숙소가 바뀔 때마다 자리를 옮기는 건 꽤 귀찮은 일일 뿐더러 혹여 2층 침대를 쓰게 되면 침대에 오르고 내리는 것도 쉬운 일이 아니라, 잠자는 시간 이외에는 숙소에 잘 가지 않게 된다. 캠프라도 다녀오면 그사이에 숙소가 바뀔 때도 있다.

이런 귀찮음을 이해하고 있던 총무님이 우리 팀에게 비상 숙소동을 쓰는 것은 어떠냐는 제안을 했다. 비상 숙소동은 장보고기지에 화재 등 비상 상황이 일어났을 때 사용할 수 있도록 지어진 임시 건물로, 본관에서는 100m쯤 떨어져 있다. 군대 내무반처럼 바닥에서 매트리스를 깔고 자야 하고 식사 시간마다 본관을 오가야 했지만 나름의 장점도 있었다. 바로 취사가 가능하다는 것이다. 본관은 식당 이외에서 취사가 불가능하지만, 비상 숙소동은 비상 상황에 대비해 여러 식료품과 취사 시설이 구비되어 있었고 따로 화장실까지 있었다. 여럿이 한곳에 생활하는 불편함은 있어도 매번 숙소를 바꾸는 것보다는 나을 것 같아 결국 모두 비상 숙소에서 생활하게 되었다.

1월 말의 어느 날. 숙소 가는 길에 "꽤액!" 하는 동물의 울음소리가 들렸다. 한 번도 들어 보지 못한 소리라 이리저리 찾아보니 한 살 정도 된 아델리펭귄 한 마리가 임시 숙소 뒤편에서 혼자 울고 있었다. 장보고기지에는 간혹 펭귄들이 찾아오곤 하는데, 1월 말부터 찾아오는 펭귄들은 대부분 털갈이를 하고 떠났다. 이 어린 펭귄은 아마도 무리에서 이탈해 홀로 장보고기지에 상륙한 모양이다. 가장 가까운 번식지는 10km 정도 떨어진 곳인데, 번식지를 떠나 이동하던 개체가 잠시 들른 것 같았다. 펭귄은 또다시 "꽤액!" 하는 울음소리로 동료를 찾는 것 같았지만 아무런 반응이 돌아오지 않자 지속적으로 소리를 내었다. 그 소리가 어미들의 울음소리와는 달리 처량하게 들렸다. 기지 이곳저곳을 빠르게 돌아다니는 모습이 친구를 찾아 헤매는 어린아이 같아서 안쓰럽기도 했다. 멀어지는 펭귄을 보며 숙소에 들어가다가 장난기가 돌아 "�꽤액!" 하고 펭귄 소리를 흉내 냈다. 신기하게도 펭귄이 "�꽤액!" 하고 답신을 보내주었다. 기분은 좋았지만 괜히 방해하는 것 같아서 바로 숙소에 들어왔다.

다음 날 아침, 숙소를 나서며 혹시나 해서 다시 "�꽤액!" 하는 소리를 내 보았다. 기지 근처 눈밭에 있던 펭귄이 답변을 보내 왔다. 바로 떠나진 않은 모양이다. 기지에 들어와 사람들에게 얘기했더니 몇몇 월동대가 펭귄을 보러 나갔다. 남극에 온 지는 두 달이 넘었지만 아직까지 펭귄을 보지 못한 대원들이 상당히 많았다. 장보고기지 주변에는 도보로 갈 수 있는 펭귄 번식지가 없기 때문에 운이 나쁘면 한 번도 펭귄을 보지 못하는 경우도 있었다. 펭귄 사진을 찍어와 가족들에게 보내 주던 대원이 불쌍한 어린 펭귄에게 생선을 가져다주면 어떻겠냐고 물어왔지만 그냥 놔두는 게 가장 좋다고 답했다. 살아 있는 먹이만 잡아먹는 펭귄에게 죽은 생선을 줘 봤자 먹지도 않을뿐더러, 사람이 가까이 다가가면 놀라 겁을 먹을지도 몰랐다. 가능한 한 멀리서 사진만 찍고 펭귄을 쫓거나 놀라게 하지 말라고 부탁했다.

어린 아델리펭귄은 이후로도 며칠 더 기지에 머물다가 사라졌다. 나중에 대원들에게 들으니 부둣가에서 한동안 서성거리다가 사라졌다고 했다. 무사히 동료들을 만났을지 궁금했다.

몸에서 털이 우수수 빠지고 있는 아델리펭귄은
털갈이를 위해 상륙한 것 같았다.

전에도 장보고기지 주변에서 여러 아델리펭귄을 만났다. 2월 중순에는 성체 아델리펭귄 한 마리가 기지 뒷산 높은 곳에서 홀로 털갈이를 하고 있었다. 기지에서 500m쯤 올라가면 있는 기상 타워 뒤에는 도둑갈매기들이 자주 찾는 웅덩이에 있다. 거기에 카메라를 설치해 놓고 정기적으로 확인하러 가곤 했는데, 아무 생각 없이 걷던 우리 일행은 앞에서 갑자기 펭귄이 나타나 소리를 내는 바람에 깜짝 놀랐다. 몸에서 털이 우수수 빠지고 있는 아델리펭귄은 털갈이를 위해 상륙한 것 같았다. 성깔이 대단한 그 친구는 멀리서부터 우리를 발견하고 공격적인 반응을 보였다. 털갈이 기간이라 먹지도 못했을 텐데 지치지도 않는지 지나가는 우리를 향해 계속해서 경계음을 내었다.

펭귄을 지나쳐 가면서 펭귄의 여정을 생각했다. 번식지의 펭귄들은 새끼가 다 자라 털갈이를 하고 나면 새끼와 함께 번식지를 떠난다. 뒤늦게 털갈이가 시작된 어미 펭귄들은 아직 헤엄이 익숙하지 않은 새끼들과 유랑하다가 인근 뭍에 올라 털갈이를 하고, 털갈이가 끝나면 다시 차가운 바다로 돌아간다. 겨울 동안 얼지 않은 바다를 찾아 유랑하다 다시 남극에 여름이 다가오면 번식지로 돌아올 것이다.

일주일 정도 후에 다시 카메라 확인을 위해 올라갔을 때, 펭귄은 바닥에 우수수 털만 흩어 놓은 채 이미 사라지고 없었다. 아마도 겨울이 다가오는 남극을 피해 북쪽 어느 바다를 유랑하고 있으리라.

개성만점 4차원 아델리펭귄

요리 보고
저리 봐도
알 수 없는

남극 케이프할렛(Cape Hallett) 아델리펭귄 번식지에서 장기 캠프를 하며 아델리펭귄의 번식 생태를 관찰하던 때였다. 케이프할렛은 장보고기지에서 북쪽으로 약 350km 떨어져 있어 기지에서 오가며 연구하기가 어렵다. 우리 팀은 연구 활동을 위해 이곳에 캠프를 설치하고 열흘씩 세 차례에 걸쳐 캠프를 운영했다. 첫 번째 캠프는 11월 말이었는데, 이때는 아델리펭귄이 모두 알을 품고 있는 시기였다. 이 시기에 알을 품고 있는 개체들은 대부분 수컷이다. 암컷은 알을 낳은 후 바다로 떠나 먹이를 구하다가 부화 시기가 가까워지면 둥지로 돌아온다. 둥지를 지키는 수컷 아델리펭귄들은 사람이나 포식자가 둥지로 다가오면 매우 사납게 방어하지만, 알을 품지 않고 돌아다니는 펭귄들은 공격적이지 않고 사람에게 호기심을 느껴 다가오기도 한다.

장보고기지는 11월부터 1월까지 백야 기간이라 해가 지지 않는다. 한밤중에도 대낮처럼 환한 대신 기온은 급속히 떨어져 펭귄들의 활동도 뜸해지고, 낮보다 돌아다니는 개체가 적다. 낮 기온은 영하 10도, 밤에는 영하 20도가 넘게 떨어지기 때문에 대부분의 다른 동물도 활동이 줄어든다. 둥지를 지키지 않는 펭귄들도 번식지 근처에서 배를 깔고 바닥에 누워 자거나, 몸을 웅크리고 체온을 유지한다.

자정 가까운 시간에 하루를 마무리하고 텐트로 돌아가는 길이었다. 아델리펭귄 한 마리가 텐트 사이로 걸어오고 있었다. 처음 보는 텐트에 호기심을 느낀 아델리펭귄이 사람들의 왕래가 잦은 낮을 피해 조용한 밤에 다가온 모양이다. 두리번거리던 아델리펭귄은 가만히 서 있는 내게로 슬금슬금 다가왔다. 녀석은 한참을 대치한 채 바라보다가 곧 궁금증을 해결했다는 듯이 무심히 오던 길을 돌아 캠프지를 유유히 빠져나갔다. 마치 "볼일 끝났어~" 하는 느낌이었다.

처음 이곳에서 캠프를 할 때는 번식지와 500m 이상 떨어진 곳에서 캠프를 했다. 꽤 먼 거리임에도 불구하고 텐트의 화려한 색깔 때문인지 많은 수의 아델리펭귄들이 수시로 캠프지에 다가왔다가 쓱 쳐다보고 다시 번식지로 돌아가곤 했다. 이런 아델리펭귄들을 바라보면 호기심에 가득한 어린아이들을 보는 느낌이다.

텐트의 화려한 색깔 때문인지
많은 수의 아델리펭귄들이 수시로 캠프지에 다가왔다가
쓱 쳐다보고 다시 번식지로 돌아가곤 했다.

2013/2014 시즌에는 일을 마치고 세종기지로 복귀하던 도중 자고 있는 아델리펭귄을 만났다. 눈 위에서 자던 아델리펭귄이 사람이 지나가는 기척에 벌떡 일어나더니 갑자기 날개를 퍼덕이며 달려들었다. 오히려 당황한 내가 엉덩방아를 찧고 말았다. 녀석은 한동안 경계음을 내면서 언제라도 달려들 것처럼 으르렁거렸다(펭귄의 경계음은 약간 으르렁거리는 느낌이 난다). 딱히 해코지를 한 것도 아니고 그냥 지나가던 길이었는데, 자고 있던 녀석이 어지간히 놀랐던 모양이다. 화가 가라앉지 않는지 우리가 지나갈 때까지 계속 경계하면서 쫓아왔는데 그 모습이 재미나서 한참 사진을 찍었던 기억이 난다.

인터넷에 보면 아델리펭귄의 특이 행동에 대한 글들이 많다. 지나가던 사람을 공격해 사람이 넘어지는 유명한 영상도 있고, 과거 아델리펭귄을 연구했던 연구자의 수기에 의하면 죽어 있는 펭귄에게 짝짓기를 시도하거나 이미 짝이 있는 암컷에게 짝짓기를 시도했다고도 한다. 2017년에 나도 비슷한 광경을 보았다. 아델리펭귄의 사체 하나를 발견해 연구 시료로 사용하려 캠프지로 가져가는 도중 땅바닥에 잠시 내려놨을 때였다. 지나가던 아델리펭귄 한 마리가 갑자기 그 펭귄의 위로 올라가더니 짝짓기 행동을 하는 것이 아닌가. 순간 경황이 없어 사진을 찍진 못했는데, 같이 있던 일행들과 함께 여간

놀란 것이 아니었다.

  2017년 조사 중에는 펭귄의 뼈를 주로 물어다가 둥지를 만든 아델리펭귄도 발견했다. 펭귄마다 둥지에 물어다 놓는 돌 크기가 조금씩 다른데, 어떤 둥지는 큰 돌을 주로 물어다 둥지를 짓는 반면 어떤 둥지는 아주 작은 돌만 물어다 둥지를 만들기도 한다. 그런데 이렇게 뼈를 집중적으로 물어다 놓은 둥지는 처음 보았다. 그것도 펭귄의 다리뼈 위주로만 물어다 놓은 것을 보니 취향도 확고했다. 가히 뼈 수집가라고 말할 수 있을 정도였다. 장보고기지 주변은 워낙 기온이 낮고 건조하다 보니 동물의 사체는 썩지 않고 대부분 미라로 남게 되는데, 이런 미라들은 오랜 시간 동안 풍화되어 결국 뼈만 번식지 곳곳에 굴러다니게 된다. 미라에서 다리뼈만을 집요하게 골라 둥지로 물어 왔을 펭귄을 생각하면 어쩐지 오싹한 기분마저 들었다.

  아델리펭귄은 4차원이라는 표현이 딱이다. 개체마다 행동이 다르고 젠투펭귄, 턱끈펭귄을 조사할 때보다 신기한 행동이나 유난히 튀는 행동을 하는 개체들이 많이 보인다. 사람에게 호기심을 보이는 펭귄도 많을뿐더러 가끔은 공격을 하기도 하고, 어떤 녀석들은 다가와 바짓단을 물기도 한다. 재밌기도 하지만 갑자기 달려들 때는 깜짝깜짝 놀라기도 해서 아델리펭귄 번식지를 돌아다닐 때는 뒤에 다가오는 펭귄이 없는지 항상 주의를 기울여야 했다.

2018년 한국의 여름은 '이렇게 더웠던 적이 있었는가' 싶을 정도로 유난히 더웠다. 한창 더운 여름에 다음 남극 출장 준비를 시작했다. 입출남극 일정과 아라온호 운항 일정이 나왔고, 출장 일정에 맞추어 아델리펭귄 번식지에서의 캠프 일정도 구상했다. 또 어떤 특이한 녀석들을 만나게 될까. 준비 기간부터 벌써 기대가 되었다.

아델리 나라의 황제펭귄

혼자
거기서
뭐하니?

캠프지에서 쉬며 책을 보고 있는데 펭귄 사진을 찍으러 나간 서명호 강사님이 무전으로 나를 찾았다. 캠프 복귀 예정일은 벌써 3일을 넘겼고, 그날도 날씨가 좋지 않아 헬기는 오지 못했다. 하릴없이 하늘이 열리기만을 기다리는 중이었다. 서 강사님은 간혹 촬영 중 특이한 펭귄이나 자연물을 발견하면 무전으로 알려 주곤 했다. 어제는 다친 펭귄이 있다며 연락을 했었는데, 또 어떤 일일까. 무전기를 들어 응답했다. 잠깐 뜸을 들인 서 강사님이 무전으로 황제펭귄이 나타났다는 소식을 전했다.

황제펭귄이라니! 케이프할렛에 오면서 기존에 이 지역에서 기록된 조류 목록을 살펴본 적이 있다. 문헌에는 황제펭귄과 더불어 다양한 새들이 기록되어 있었다. 처음 이곳에 방문했을 때 그런 새들을 만날 수 있기를 은근히 기대했지만, 세 번째 방문을 할 때까지도 아델리펭귄과 도둑갈매기 이외의 다른 새들을 만날 기회는 흔치 않았다. 간혹 높게 나는 눈풀마갈매기나 저녁 시간 한두 마리의 윌슨바다제비를 본 것이 이 지역에서 관찰한 조류 목록의 전부였다. 그런데 황제펭귄이라니!

당장 카메라를 챙겨 아델리펭귄 번식지로 향했다. 함께 있던 이원영 박사도 따라 나섰다. 멀리 펭귄 번식지 사이에 초록색 옷을 입은 서 강사님이 보였다. 천천히 다가가니 정말로 큰 덩치의 황제펭귄이 마치 아델리펭귄인 양 번식지 한가운데 자리를 잡고 있었다. 아델리펭귄보다 두 배 정도 키가 크고 무게는 다섯 배쯤 되는 황제펭귄이 아델리펭귄 사이에 있으니 무언가 어색해 보였다. 녀석은 주변에 지나다니는 아델리펭귄들을 신경도 쓰지 않고 조용히 자리를 지키고 있었다.

이곳에서 가장 가까운 황제펭귄의 번식지는 북쪽으로 약 20km 떨어진 케이프로제(Cape Roget)다. 바다를 오가는 펭귄에겐 그리 멀지 않을 수도 있지만 해빙이 녹지 않은 시기에 이곳에 오려면 해빙 위를 걸어와야 한다. 시간과 에너지를 많이 소모하는 여정이다. 그런데 이곳까지 무슨 일로 왔을까. 황제펭귄은 피곤한지 자꾸 고개를 날갯죽지에 파묻었다. 방해받지 않고 쉴 수 있도록 멀찍이서 지켜보았다.

황제펭귄의 번식지에서 아델리펭귄을 보는 것은 어려운 일

작은 아델리펭귄들 사이에서 황제펭귄은
커다란 석상처럼 보이기도 했다.

이 아니었다. 호기심 많은 아델리펭귄이 황제펭귄의 번식지에 주기적으로 방문하는 것처럼 보였다. 해빙 위의 황제펭귄 번식지는 바다와 가까워 지나가던 아델리펭귄이 쉬어 가기에도 나쁘지 않다. 그러나 이곳은 해빙이 끝도 없이 펼쳐진 케이프할렛이 아닌가. 길을 잃은 것인지, 아델리펭귄을 따라온 것인지 알 도리는 없었지만 딱히 몸에 상처를 입거나 다친 것처럼 보이지는 않았다. 가만히 지켜보자 황제펭귄은 부리를 날개에 끼우고 잠이 들었다. 작은 아델리펭귄들 사이에서 황제펭귄은 커다란 석상처럼 보이기도 했다.

다음날 아침, 하늘은 맑게 개어 기지에서 헬기가 출발했다는 반가운 소식이 들렸다. 짐을 꾸리는 와중에 황제펭귄 생각이 났다. 아침 일찍 서 강사님이 확인하러 가 보니 황제펭귄은 이미 그곳을 떠나고 없었다고 한다. 캠프가 길어지지 않았다면 만나지 못할 인연이었다. 아마도 무사 복귀를 기원하는 황제펭귄 대표가 아니었을까?

아델리펭귄 실종 사건

성깔 있지만
겁도 많아요

2017/2018 남극 연구 시즌에는 바이오로거(Bio-logger)라 불리는 장비를 펭귄의 몸에 부착하는 연구를 수행했다. 로거는 GPS 위성 추적 장비와 잠수 깊이 측정 장비 두 가지를 부착했다. 이러한 연구를 통해 펭귄들이 얼마나 먼 거리까지 이동하는지, 얼마 만에 둥지로 복귀하는지, 얼마나 깊이 잠수하고 먹이 활동을 하는지 알 수 있다. 조사 지역인 케이프할렛은 12월에도 끝이 보이지 않을 정도로 해빙이 얼어 있어, 펭귄들은 해빙 위로 수 km를 걸어서 바다에 나가야 했다. 로거를 수거해 데이터를 확인하면 해빙의 분포 범위에 따라 펭귄들의 행동 영역이 어떻게 달라지는지도 알 수 있을 터였다. 2017년 12월 21일 하루 동안 교대 중인 20마리의 펭귄에게 로거를 부착했다.

로거를 달 펭귄을 선택할 때는 나름의 원칙이 있다. 둥지가 가능한 한 번식지의 중심부에 위치해 있고, 두 마리의 새끼를 키우고 있으며, 건강해 보이는 펭귄을 우선적으로 선택한다. 거기에 개인적으로는 성격이 온순한 펭귄보다 사나운 녀석들을 좋아하는데, 로거를 달 때의 미안함이 상대적으로 덜하기 때문이다. 게다가 성깔 있는 개체들이 위험한 바다에 나갔다가 다시 돌아올 가능성이 높다고 믿는 덕도 있다.

마지막으로 로거를 부착한 20번 펭귄은 스무 마리 중에서도 가장 성깔이 있어서 유독 기억에 남았다. 로거를 부착하기 위해 포획했을 때 강하게 반항하면서 부리로 쪼고 날개로 때리는 통에 '포기하고 다른 녀석에게 부착해야 하나?' 하는 생각을 했을 정도였다. 그 녀석이 로거를 달고 바다로 나간 지 4일이 지나도 집에 돌아오지 않고 있었다. 대부분의 펭귄들은 이미 두 번 넘게 교대하고도 남을 시간이다. 총 20개의 로거를 펭귄의 등에 달아 보낸 후 아직 돌아오지 않은 건 20번과 8번 두 녀석뿐이다. 녀석들이 돌아오지 않아 캠프 철수일도 늦어진 상황이었다. 바다에는 펭귄을 잡아먹는 무서운 표범물범이 기다리고 있고, 하루에도 수십 마리의 펭귄들이 표범물범에게 희생된다. 간혹 새끼가 굶어 죽은 둥지는 바다로 나간 짝이 돌아오지 않은 경우가 많았다. 아직 돌아오지 않은 두 펭귄이 불행히도 표범물범에게 희생되었을지도 모른다. 제발 그 상황만은 아니길 바라며 캠프 철수일도 며칠 늦추었다. 가능한 한 녀석들이 돌아올 때까지 기다려 볼 생각이었다.

얼마의 시간이 지났을까, 녀석들 중 한 마리가 바다에서 돌아오고 있었다. 해빙 위를 걸어오는 20번 펭귄을 멀리서 쌍안경으로 발견했을 때는 환호성이라도 지르고 싶은 심정이었다. 둥지까지 걸어오는 몇 분이 일 년처럼 길게 느껴졌다. 보통 바다에 나갔다 돌아온 펭귄은 둥지에서 기다리던 짝과 바로 교대하고 배에 가득 채워 온 먹이를 새끼에게 토해 주기 시작한다. 때문에 펭귄이 얼마나 많은 먹이를 먹고 왔는지 알기 위해서는 교대하기 전에 잡아 무게를 재고 로거를 회수하는 것이 좋다.

자칫 재포획이 늦어져 교대를 해 버리면 짝이 바다로 나간 후 홀로 새끼를 돌보고 있는 펭귄을 잡아야 해서 부담이 크다. 연구자들이 펭귄을 잡아 로거를 제거하고 측정하는 동안 둥지를 비워 놓으면 어디선가 보고 있을 도둑갈매기가 새끼를 채어 가 버릴 수도 있다. 영악한 도둑갈매기들은 사람들 주위를 맴도는데, 사람을 피해 펭귄이 도망갔을 때 빈 둥지의 알이나 새끼가 사냥하기 좋다는 것을 잘 알고 있기 때문이다. 이런 이유로 펭귄 번식지 내에서 이동할 때는 주변에 도둑갈매기가 어디에 있는지, 둥지를 버리고 도망가는 펭귄은 없는지 주의 깊게 살펴야 한다. 자연적으로 도둑갈매기에 의해 희생당하는 새끼 펭귄들은 어쩔 수 없다지만, 자칫 연구자들 때문에

20번 펭귄은 사람을 매우 경계하고 있었다. 아마도 며칠 전에 한 번 잡혔던 기억이 남아 있는 모양이다.

새끼가 잡혀간다면 죄책감이 상당하기 때문이다.

　20번 펭귄은 사람을 매우 경계하고 있었다. 아마도 며칠 전에 한 번 잡혔던 기억이 남아 있는 모양이다. 둥지 근처까지 다 와서도 한동안 둥지로 들어가지 않고 해안가에서 서성이고 있었다. 혹시 돌아오지 않을까 봐 맘을 졸였지만 다행히 녀석은 슬금슬금 둥지로 다가왔다. 뒤에서 조용히 다가가 녀석의 다리를 낚아챘다. 둥지에서 떨어진 곳으로 옮겨 무게를 재고 등에 달고 있는 로거를 떼어 줬다. 아직 남은 펭귄이 한 마리 더 있지만 작업을 마치고 나니 한결 홀가분한 기분이 들었다. 그래서 마음이 안일해졌던 것 같다. 되도록 둥지 옆에서 새끼와 짝의 소리를 들려 준 다음 놓아 줬어야 했는데, 얼른 자기 집에 찾아가란 마음으로 포획했던 곳에서 바로 펭귄을 놓아 주었다. 대부분의 펭귄들은 그 많은 펭귄 둥지들 사이에서도 기가 막히게 자기의 둥지를 찾아가곤 했다. 그러니 당연히 이 녀석도 바로 둥지로 찾아가리라 생각했던 게 실수였다.
　20번 펭귄은 손에서 벗어나자마자 바다로 향해 가기 시작했다. 어라? 뭔가 잘못되었다고 생각할 찰나, 녀석은 이미 해빙 위를 걷고 있었다. 아마도 사람에게 잡혔던 순간의 공포가 둥지로 돌아가야 한다는 마음보다 컸던 모양이다. 안 되겠다 싶어 동료들을 둘로 나눠 해빙을 앞질러가 둥지 방향으로 몰기로 했다. 이 녀석이 바다로 나가 버리면 언제 돌아올지도 모르고, 그 사이 배가 고픈 새끼들이 어떻게 될지도 모를 일이다. 새끼들은 이미 4일 넘게 굶고 있는 상황이다.

다행히 해빙 한 구석에서 쉬고 있던 녀석을 앞질러 더 이상 바다로 가지 못하게 막을 수 있었다. 조심조심 둥지 방향으로 펭귄을 몰아갔지만, 녀석은 집요하게 바다 방향으로 가려고 우리를 피해 다녔다. 넓은 해빙으로 나가 버리면 포위하기도 어려웠다. 한쪽에서 잠시 쉬고 있는 펭귄이 일단 진정되기를 기다려 보기로 했다. 녀석이 볼 수 없는 장소에 숨어서 행동을 지켜보았다. 10분, 20분, 30분… 시간이 지나도 도통 움직일 생각을 안 한다. 도저히 안 되겠다 싶어 다시 두 조로 나누어 슬금슬금 둥지 방향으로 몰아갔다.

아뿔싸. 잘 가던 녀석이 돌연 방향을 틀어 우리 쪽으로 달려오기 시작했다. 잘못하다가 바다로 나가 버리면 낭패인 상황. 그물도 가져오지 않아 맨손으로 잡기도 어려운데 어째야 하나, 하는 순간 같이 있던 연구원 후배 준서가 그 녀석을 붙잡았다. 잡았다기보다는 다리 사이로 도망가던 펭귄이 가랑이에 낀 상태였다. 재빨리 녀석의 다리를 잡아 올렸다. 그리고 펭귄의 두 눈을 가려 둥지로 데려갔다. 짝과 새끼의 소리를 들으면 안정이 되리라. 둥지 근처에 도착해 눈을 가린 채 새끼들 소리가 들리도록 잡고 한동안 가만히 있었다.

조금 안정이 되었다 싶을 때 펭귄을 둥지 앞에 내려놓고 눈을 가린 주머니를 풀어 새끼를 볼 수 있도록 했다. 잠깐 발광하던 녀석은 그제야 정신을 차리고 새끼에게 다가가 둥지에서만 보이는 특유의 행동을 했다. 다행이다. 안도의 한숨이 나왔다. 같이 있던 동료들과 하이파이브를 하고 멀찍이 떨어져 한동안 지켜보니 새끼에게 먹이를 주느라 정신이 없다. 이 정도면 완전히 정신을 차린 모양이다.

한순간의 실수로 둥지의 새끼들을 위험에 빠지게 할 수도 있던 상황이었다. 그런 일이 생기면 연구자들 또한 한동안 트라우마를 겪을 수밖에 없다. 좀 더 주의 깊게 행동해야겠다는 다짐을 하고 캠프지로 복귀했다. 긴장이 풀리며 다리에 힘이 빠졌다.

어미와 새끼의 남극 대 추격전

어미 펭귄은
대체 왜
도망가는 걸까?

1월 말부터 아델리펭귄의 번식지에서는 여기저기서 추격전이 벌어졌다. 바다에서 먹이를 먹고 온 어미가 도망가고 한 마리 또는 두 마리의 새끼가 어미를 뒤쫓는다. 쫓아가던 두 마리 새끼 중 한 마리가 포기하거나, 일정 시간 이상 도망을 다닌 후 어미는 한 마리의 새끼에게 먹이를 토해 준다. 그리고 또다시 추격전이 시작된다. 다 자란 펭귄 새끼는 솜털 때문에 어미보다 커 보이기도 하는데, 이런 새끼가 어미를 쫓아가는 모습은 마치 어미를 잡아먹으려는 것처럼 보이기도 한다. 이러한 '먹이 주기 도망 행동(Feeding Chase)'은 일부 다른 해양 조류에서도 기록된 바 있지만, 펭귄에게서 가장 잘 발달된 행동으로 알려져 있다. 어미 펭귄은 왜 새끼에게서 도망갈까? 이런 특이한 행동 때문에 많은 연구자들이 먹이 주기 도망 행동의 의미를 파악하기 위한 연구를 했고, 이를 몇 가지 가설과 함께 설명하고 있다.

가설 1. 다른 어미, 새끼 또는 포식자로부터 떨어뜨리기 위한 전략

펭귄 번식지에는 수많은 새끼 펭귄들이 있다. 그 자리에서 먹이를 먹이면 다른 새끼 펭귄들의 방해를 받을 수 있다는 뜻이다. 펭귄은 먹이를 뱉어 주다 흘리는 경우가 많은데 이때 흘린 먹이를 다시 주워 먹지 않는다. 하물며 먹이를 먹이다가 방해를 받으면 먹이를 흘릴 가능성이 높아지고, 아까운 먹이만 버리게 되는 것이다. 이런 이유 때문에 방해를 받지 않는 지역까지 새끼 펭귄을 데리고 나간다는 가설이다. 부가적으로 도망을 다니다 보면 포식자로부터 멀어질 수도 있고, 방해 요인이 될지도 모르는 다른 어미들이나 모르는 새끼 펭귄이 접근하는 것을 방지할 수 있다. 가장 신빙성이 높은 가설이다.

가설 2. 어미의 새끼 인식을 위한 방법

번식지에는 수많은 새끼 펭귄이 있고, 그중에서 자신의 새끼를 확인하는 방법이 필요하다. 일반적으로 펭귄은 음성으로 암수 또는 새끼를 확인하는 것으로 알려져 있다. 그렇지만 많은 새끼 펭귄들이 몰려 있는 경우 어미는 다른 새끼에게 먹이를 주는 실수를 할 수도 있다. 일단 음성으로 자신의 새끼인지 아닌지 확인한 다음 도망을 가면서 새끼가 따라오면 한적한 곳에서 다시 자기 새끼인지 확인하는 방법이라는 것이다. 이 가설이 맞는 거라면 간혹 새끼 펭귄이 다른 어미를 따라간

1월 말부터
아델리펭귄의 번식지에서는
여기저기서 추격전이 벌어졌다.

다거나, 또는 다른 새끼에게 먹이를 주는 어미도 있어야 한다. 이러한 실수가 있어야 자기 새끼를 확인하는 방법이 더 필요하기 때문이다. 그러나 대부분의 펭귄은 음성을 통해 자신의 새끼인지 아닌지 쉽게 확인이 가능하고, 다른 새끼에게 먹이를 주는 경우는 관찰되지 않았다고 한다. 어미와 새끼의 추격전을 완벽하게 설명하는 가설은 아닌 셈이다.

가설 3. 두 마리 새끼에게 동일하게 먹이를 나누어 주는 방법

어미가 가져오는 먹이의 양은 한정되어 있고, 두 마리의 새끼를 기르고 있는 경우 더 강하게 먹이를 보채는 펭귄에게 먹이를 많이 줄 가능성이 높다. 따라서 이러한 도망을 통해 먼저 쫓아 온 새끼에게 먹이를 준 다음 다시 도망갈 때 다른 새끼에게 먹이를 준다는 가설이다. 더 배고픈 새끼가 어미를 더 강하게 쫓아 올 것이기 때문이다. 그럴듯해 보이는 가설이지만, 일부 새끼는 한 번 먹이를 먹고 나서도 계속해서 어미를 따라다니며 먹이를 보채는 경우가 많다. 그 때문에 약해진 한 마리가 죽는 경우가 생긴다. 먹이를 동등하게 나누어 주는 방법일 수 있으나 역으로 한정된 먹이 자원이 있을 때 두 마리 중 약한 개체를 배제하는 방법이 될 수도 있다. 그러나 이 가설도 추격전을 완벽히 설명하지는 못한다. 이 가설이 맞는 거라면 새끼를 한 마리만 키우는 부모의 경우 추격전이 필요 없는데,

한 마리의 새끼를 키우는 부모도 매번 추격전을 마치고 먹이를 주기 때문이다.

가설 4. 보육원으로부터 독립시키거나, 근육을 단련시키려는 행동

새끼들은 부화 후 2주 정도가 되면 새끼들끼리 모여서 지내는데, 이를 '펭귄 보육원'이라고 부른다. 새끼들끼리 모여 있으면 포식자가 다가올 때 함께 방어하는 것이 가능하며 소수의 성체만 있어도 방어가 가능하다. 보육원은 보통 태어난 둥지 근처에 형성되고 새끼들이 둥지를 떠날 때까지 위치가 크게 바뀌지 않는다. 새끼들의 활동이 많지 않기 때문이다. 어미들은 이러한 도망 행동을 통해서 새끼를 보육원으로부터 점차 독립시키거나, 근육을 단련시킨다는 가설이다. 추후 털갈이를 마치고 나면 바로 바다로 나가야 하고, 그전까지 남은 시간은 많지 않다. 그러니 이러한 행동을 통해 바다로 나가는 방향을 알려 주고, 다른 개체들과의 사회관계를 늘려나갈 수도 있다. 하지만 단지 새끼를 독립 또는 단련시키기 위한 행동으로만 이해하기는 어려워 보인다.

기타

새끼의 먹이 조르기를 피하기 위한 전략 등이 있다. 바다에서 먹이를 먹고 온 어미도 힘들다. 새끼들이 자꾸 보채면 쉴 시간이 없다. 결국 새끼를 피하기 위한 전략이라는 것이다. 그러나 이는 근거를 대기에 무리가 있는 설명이다.

어떤 가설이 정확히 이 행동을 설명하는지는 아직 명확하지 않지만, 방해받지 않고 더 배고픈 새끼에게 먹이를 먹이려는 펭귄의 적응이 가장 적절할 것으로 생각된다. 그 부수적인 효과로서 위 가설에 언급된 효과들이 나오는 것이다. 새끼 인식을 더 정확히 하게 되고, 두 마리 새끼에게 공평하게 분배를 할 수 있으며, 보육원으로부터 독립도 시키고, 근육 단련도 되고, 방해 요인으로부터 떨어지는 효과가 있다. 자연스럽게 약한 새끼를 배제하는 방법도 될 수 있다.

새끼 펭귄들은 털갈이를 마치고 바다로 나가면 바로 실전이다. 바다로 나간 새끼들은 망망대해를 헤엄쳐 나가 남극의 겨울 동안 얼지 않는 곳을 찾아다니며 여름이 올 때까지 버텨야 한다. 떠나는 시기에 절반 이상의 새끼 펭귄들은 번식지를 벗어나지도 못하고 포식자의 먹이가 되거나, 바다에 수장되어 남극 바다의 영양분으로 돌아갈 것이다. 어미들은 본능적으로 이러한 상황을 알고 있기 때문에 먹이를 줄 때부터 새끼들을 훈련시키는 게 아닐까. 자연은 약한 새끼들이라고 배려하지 않는다. 준비가 되어 있지 않거나, 약하거나, 운이 없다면 돌아오는 겨울을 버텨 낼 수 없다.

일면 재밌게도 보이는 이 행동이 어쩌면 펭귄들의 생존에 영향을 미치는 행동일 수 있다. 어미 펭귄들을 응원하며, 새끼 펭귄들의 안녕을 기원한다. 곧 모든 새끼들이 바다로 나가 생존을 위한 모험을 시작할 것이다. 많은 새끼 펭귄이 살아남아 다음 해에도 자신이 태어난 번식지로 돌아오길 기원해 본다.

아델리펭귄에게 관찰당하다

호기심쟁이
펭귄을
만난다는 것

펭귄 둥지 조사를 다니면서 카메라를 설치하는 일을 하고 있을 때였다. 둥지가 잘 보이는 곳에 5m 정도 떨어져서 카메라를 설치하는데, 아델리펭귄 한 마리가 슬금슬금 다가왔다. 하던 일을 멈추고 가만히 지켜보자 한 걸음 더 가까이 오더니 고개를 좌우로 갸우뚱하면서 쳐다보고 있다.

아델리펭귄을 조사하다 보면 이런 일이 흔한데, 호기심이 많아서 다가온 것일 수도 있고 잠재적 포식자가 될지도 모를 인간에게서 번식지를 지키기 위해 다가온 것일 수도 있다. 아델리펭귄 무리에서 번식 집단을 지키는 일은 포란을 하지 않는 개체들이 주로 담당하며, 그 나름대로 규칙이 정해져 있다. 둥지에 있는 녀석들은 자기 둥지 주변 1m 정도의 공간에서 자신의 알과 새끼를 지킨다. 하늘에서 날아오는 도둑갈매기에 대항할 때는 모든 펭귄이 하늘로 고개를 쳐들고 경계음을

하던 일을 멈추고 가만히 지켜보자
한 걸음 더 가까이 오더니
고개를 좌우로 갸우뚱하면서 쳐다보고 있다.

내며 고개를 좌우로 흔드는데, 이를 '모빙(Mobbing)'이라고 한다. 날아오던 도둑갈매기는 여러 마리의 펭귄이 공격하는 것처럼 보여 번식지에 접근하기 어려운 것이다.

그런데 도둑갈매기가 지상을 통해 접근하는 경우 가장자리에 있는 둥지만 방어를 해야 한다. 이때 번식지에서 빈둥거리던 개체들이 둥지에 있는 녀석들을 대신해 방어에 나서는데(이를 놈팡이 펭귄이라고 부르겠다), 번식지 내에 이런 놈팡이들이 여러 마리 있을지라도 한 마리의 펭귄이 앞장서서 도둑갈매기를 향해 달려 나가면 나머지 녀석들은 가만히 번식지에 남아 그 상황을 지켜본다. 앞장선 펭귄은 도둑갈매기가 멀리 달아날 때까지 뒤를 쫓다가 도둑갈매기가 번식 집단에서 멀어지면 잠깐 지켜본 후 다시 제자리로 돌아온다. 아마도 나에게 다가온 녀석은 이 번식지를 지키고 있었던 모양이다. 몇 걸음 뒤로 물러나자 또 몇 걸음 다가오더니 어느 정도 떨어진 다음에 몸을 돌려 원래 있던 곳으로 돌아갔다.

아델리펭귄은 태어난 이후 번식할 수 있을 때까지 약 3년이 걸리는데, 이때까지는 번식지에 돌아오더라도 번식하지 않고 주변을 돌아다닌다. 어린 개체들은 호기심이 굉장히 많아 사람도 무서워하지 않고, 자기들끼리 몰려다니며 때론 캠프지에 놀러 오기도 한다. 번식지에 없던 새로운 물체가 보이면 호기심이 발동하는 모양이다.

펭귄을 조사하는 일은 펭귄들을 만나는 일이다. 오늘도 수만 마리 펭귄의 번식지에서 다양한 펭귄을 만났다. 개성이 강한 아델리펭귄의 행동은 예측하기 어려워 오히려 더 재미있다. 매번 조사를 나갈 때마다 어떤 펭귄을 만나게 될지 기대하게 된다.

돌아오지 않는 펭귄을 기다리며

기다림은 힘들다.
사람도,
펭귄도

로거를 매달아 바다로 보낸 펭귄들을 기다리는 중에 바람과 함께 많은 눈이 내렸다. 펭귄들은 알과 새끼가 바람에 노출될까 봐 하나둘씩 바람을 등지고 몸을 돌렸다. 방수깃털을 가진 어른 펭귄과 다르게 솜털을 가진 새끼 펭귄들의 경우 눈을 맞으면 쉽게 젖는다. 어미들은 깃털을 한껏 부풀리고 얇은 날개로나마 우산처럼 새끼를 덮었다. 체온을 올리려 파르르 몸을 떨 때마다 등 뒤의 눈이 주변으로 우수수 날렸다. 새끼가 얼추 자란 둥지의 어미는 혹여 새끼를 누르지 않게 다리에 힘을 주고 아랫배로 새끼를 덮은 채 버텼다. 바다에 나간 짝은 언제 돌아올지 모른다. 하루가 걸릴지, 혹은 며칠이 더 걸릴지 모르지만 그때까지는 새끼를 지켜야 한다. 눈이 빨리 그쳐 주기를 바랄 뿐이다.

막 교대를 마친 둥지의 펭귄은 주린 배를 채우러 바다로 곧장 나가는 대신 돌을 두어 개 물어다 둥지를 보수했다. 가능한 한 많은 돌을 모아 둥지를 감싸면 눈의 피해를 줄일 수 있을 것이다. 더 많은 눈이 오면 둥지가 눈에 파묻힐 수 있다. 그래서 상대적으로 피해가 적은 가운데 둥지를 차지하지 못한 가장자리 펭귄들은 더 자주 돌을 물어다 날랐다. 가운데 펭귄들은 눈치를 보다가 가장자리 펭귄들이 열심히 물어다 놓은 돌들을 하나씩 훔쳐갔다. 모두 자기 둥지를 지키기 위한 노력들이지만 가장자리 펭귄들은 억울할 만했다.

언젠가 한 둥지의 새끼가 모두 죽어 있는 걸 발견하기도 했다. 어미가 부리를 이용해 자꾸 아랫배로 새끼를 밀어 넣고 품어 보았지만 새끼는 이미 싸늘해진 뒤였다. 부화한 지 얼마 지나지 않은 새끼는 먹이를 먹으러 간 어미가 돌아오기를 기다리지 못하고 배가 고파 죽어 갔다.

바다까지는 먼 거리를 걸어가야 한다. 해빙에 눈이 쌓이면 걸어가기가 더 어려워진다. 바다에 부서진 유빙(표류하는 해빙)이라도 가득 차 있으면 입수조차 어려울 터였다. 둥지에서 기다리는 새끼들 걱정에 서둘러 보지만, 가장 빨리 돌아오는 녀석도 큰 하루가 걸렸다. 어떤 둥지의 어미는 벌써 3일째 돌아오지 않고 있다. 둥지를 지키는 어미도 지쳐 가지만 애써 배설물로 더러워진 깃털을 연신 손질해 가며 새끼를 지켰다.

기다리는 일은 힘든 일이다.

눈이 오자 바다에서 돌아오는 펭귄 수도 줄어들었다. 먼 해빙 위의 큰 얼음 뒤에 펭귄들이 삼삼오오 모여 눈을 피하고 있었다. 로거를 붙인 펭귄들도 해빙 어딘가에서 쉬는 모양인지 돌아오는 녀석들이 없었다. 기다리는 일은 힘든 일이다. 펭귄처럼 바람을 등지고 하염없이 바다를 바라보았다.

펭귄들은 매일 목숨을 걸고
바다에 나간다

다리를 다친
펭귄을
보았다

로거를 부착한 펭귄들은 대부분 하루 이틀 안에 돌아왔지만, 몇 마리는 3일이 넘게 돌아오지 않고 있었다. 바다가 잘 보이는 곳에 앉아 돌아오지 않는 펭귄들을 기다렸다. 해빙을 걸어오는 펭귄들을 바라보며 가슴에 숫자를 칠한 펭귄이 있는지 한 마리씩 둘러봤다. 그런데 멀리서 걸어오는 펭귄 한 마리의 걸음걸이가 이상했다. 다리에 부상이 있는지 절뚝거리며 한쪽 발을 끌고 있었다. 가까이 다가온 펭귄은 다리 한쪽이 완전히 부러져 덜렁거리고 있었다. 그 발을 끌고 바다에서 번식지까지 수 킬로미터를 걸어온 펭귄은 쉬지도 않고 느린 걸음으로 번식지 안쪽으로 향했다.

어디까지 가는지 지켜보고 싶었다. 멀찍이 떨어져 펭귄을 쫓았다. 번식지 안쪽으로 들어간 펭귄은 조금씩 쉬면서도 계속해서 발걸음을 옮겼다. 한 시간 넘게 느린 걸음을 옮기던 펭귄이 드디어 둥지에 도착했다. 둥지에는 바다에 먹이를 구하러

가까이 다가온 펭귄은
다리 한쪽이 완전히 부러져 덜렁거리고 있었다.
그 발을 끌고 바다에서 번식지까지
수 킬로미터를 걸어온 펭귄은
쉬지도 않고 느린 걸음으로 번식지 안쪽으로 향했다.

나간 펭귄을 애타게 기다리는 짝과 새끼 두 마리가 있었다. 반갑게 인사를 나누고 교대를 한 펭귄은 지체할 틈 없이 배고픈 새끼들에게 뱃속의 먹이를 토해 주었다. 둥지를 지키던 짝 펭귄은 바다를 향해 발걸음을 옮겼다. 다리가 부러진 녀석은 살 수 있을까? 안타깝지만 해 줄 수 있는 일은 없었다. 한참 먹이를 토해 주던 펭귄은 곧 가만히 새끼들을 품어 주기 시작했다.

  펭귄 번식지에서 조사하다 보면 다친 펭귄들을 자주 만난다. 작게는 수천 개, 많게는 수만 개의 둥지가 있는 번식지에서 펭귄들은 매일 바다를 오가고, 그 바다에는 펭귄을 기다리는 포식자가 있다. 또 펭귄들이 오르내리는 길에는 날카로운 바위도 많다. 펭귄들은 매일 목숨을 걸고 바다를 오간다.
  2012년 세종기지 펭귄 마을 입구에서 가슴이 찢어진 펭귄을 만났다. 무언가 날카로운 것에 10cm가량 가슴이 찢긴 펭귄은 피를 흘리며 번식지로 향하는 언덕을 오르고 있었다. 다행히 피는 멈춘 것 같았다. 이 펭귄이 이후 살아남았는지 확인할 수는 없었지만, 매일 바다를 오가는 펭귄에게 그만큼의 상처는 극복하기 쉽지 않을 것이다. 상처가 아물지 않은 상태에서 차가운 물에 들어가 하루 넘게 압력이 높은 바닷속을 헤매는 것은 어려운 일일 것이다. 그러나 몇 년 후, 가슴에 깊은 상처를 입고 살아남은 펭귄을 만난 일이 있다. 부위는 달랐지만 길게 찢긴 상처 자국은 흉터가 되어 아물어 있었다. 피부가 벗겨질 정도로 찢긴 상처가 아물 때까지 살아남는 건 쉬운 일은 아니겠지만, 다친 펭귄에게는 희망적인 사례였다.

남극에서 펭귄의 번식 연구를 하면서 수없이 다친 펭귄들을 만났다. 다리를 접질린 펭귄, 상처를 입은 펭귄, 발에 장애를 가진 펭귄, 눈이 보이지 않는 펭귄 등 번식지에서 펭귄들은 삶과 죽음의 경계에서 줄타기를 하며 번식기를 보내고 있었다. 번식지에 흩어진 수많은 주검보다 소수의 다친 펭귄들이 마음을 더욱 아프게 했다.

다리가 부러졌지만 힘겹게 둥지에 돌아와 새끼에게 먹이를 먹이던 펭귄은, 다음 날 죽어 도둑갈매기의 먹이가 되었다. 필연적으로 새끼들도 살아남지 못했다. 번식 중인 펭귄의 죽음은 혼자만의 죽음이 아니다. 펭귄의 번식 성공률은 둥지당 한 마리 정도다. 아델리펭귄은 두 개의 알을 낳기 때문에 두 마리의 새끼 중 절반은 살아남기 어려운 것이다. 번식지에서의 육아는 시작일 뿐이다. 번식을 마치고 바다로 나가면 훨씬 더 많은 고난이 닥쳐올 예정이다.

극히 일부만 내년에도 살아남아 몇 년 후 다시 번식지로 돌아올 것이다. 안타깝고 때로는 잔인하지만 이것이 남극의 법칙이자 자연의 법칙이다.

펭귄의 길을 따라가다

이 해빙의 끝은
어디쯤에
있을까

 번식기의 펭귄들은 바쁘다. 새끼들은 자랄수록 더 많은 먹이를 원하고 어미들은 쉬지 않고 바다를 오가며 먹이를 구해 왔다. 번식지 앞 해빙에는 날마다 수천 마리의 펭귄들이 바다를 향해 걸음을 재촉했다. 대열을 이뤄 바다를 향해 멀어지는 펭귄들은 그냥 보기에도 마음이 급해 보였다. 돌아오는 펭귄들도 급한 건 매한가지지만 뱃속에 가득 찬 먹이 때문인지 나가는 펭귄보다는 속도가 느렸다. 오가며 지친 펭귄들은 해빙이 녹아 생긴 웅덩이에서 몸을 씻기도 하고 눈 위에서 잠시 휴식을 취하기도 했다. 눈이 쌓인 곳에서는 목마른 펭귄들이 허겁지겁 눈을 삼켰다. 펭귄들은 걸어서 얼마나 나가야 할까.

 인익스프레시블(Inexpressible) 섬은 바로 앞이 바다여서 펭귄들이 바다를 오가기 쉽다. 그러나 케이프할렛은 해빙의 끝이 보이지 않는다. 펭귄들의 여정이 궁금했다. 서명호 강사님이 드론을 3km 앞까지 날려 보았다. 그러나 바다는 보이지 않았다. 조금 여유가 생겨 직접 해빙의 끝을 향해 가 보기로 했다. 펭귄들의 길을 따라 펭귄의 여정을 체험해 보는 것이다.

점심을 먹고 카메라를 챙겨 나섰다. 해빙 위에는 헤아릴 수 없이 많은 펭귄들이 오가고 있었다. 펭귄들의 뒤를 따라 해빙의 끝을 향해 걸었다. 눈에 빠지기도 하고 겉이 녹아 미끄러운 해빙 위를 한 시간쯤 걷자 해빙이 부서져 솟아오른 지역이 나왔다. 좋지 않은 길 때문인지 펭귄들도 일정한 곳으로만 이동하는 중이었다. 그곳에 '펭귄 고속도로'가 생겨 있었다. 펭귄이 다져 놓은 그 길로 가면 편하겠지만 사람이 밟고 난 후 패인 곳은 펭귄에게 함정이 될 수 있다. 조금 힘들지만 펭귄의 길은 가능한 한 밟지 않고 이동했다.

마음이 급한 펭귄들은 우리를 앞질러 나아갔다. 그 작은 발로 지치지도 않는 듯 바다를 향해 발걸음을 옮기는 펭귄들이 대견했다. 직선으로 4km 가량 가 보았지만 여전히 해빙의 끝은 나타나지 않았다. 아름다운 남극의 풍경을 배경으로 펭귄들과 함께 걷는 건 낭만적이었지만 푹푹 빠지는 길을 세 시간 가까이 걷다 보니 힘이 빠지고 배가 고팠다. 아무래도 해빙의 끝을 볼 수는 없을 것 같았다. 같이 나선 사람들과 사진을 찍고 발걸음을 돌렸다. 펭귄의 길을 걸으니 펭귄들이 더 대단하게 느껴졌다.

마음이 급한 펭귄들은 우리를 앞질러 나아갔다.
그 작은 발로 지치지도 않는 듯 바다를 향해
발걸음을 옮기는 펭귄들이 대견했다.

어미 펭귄들의 노력에도 불구하고 많은 새끼들은 굶주림을 참지 못하고 굶어 죽거나 강한 바람에 얼어 죽었다. 많은 둥지만큼이나 많은 새끼의 주검들이 번식지 곳곳에 나뒹굴었다. 2018년에는 해빙 끝 바다까지 너무 먼 데다, 바다의 먹이 상황도 예년에 비해 좋지 않았다. 펭귄의 행동을 연구하는 이원영 박사도 로거를 매달아 바다로 보낸 펭귄 중 네 마리가 결국 돌아오지 않아 맘고생 중이었다. 돌아오지 않은 펭귄들은 아마도 바다에 나가 사고를 당했거나 알 수 없는 이유로 둥지에 돌아오지 못하고 있을 터였다. 안타깝게도 그들의 새끼는 이미 대부분 죽었다.

남극에 적응해 살고 있는 동물에게도 남극의 혹독한 환경은 여전히 극복의 대상이다. 돌아오지 않는 펭귄을 찾으러 이 박사와 용수는 매일 여러 번 번식지를 오갔다. 부디 살아서 돌아오기를… 낮은 가능성이지만 매일 희망을 품고 캠프지를 나섰다. 늦장 부린 펭귄을 찾고 가벼운 발걸음으로 돌아오기를 기원하며 배웅을 했다. 그날따라 펭귄들의 삶이 마음에 닿고 애달프게 느껴졌다.

펭귄 마을에 비가 내린다

새끼 펭귄
최대의 적,
비

세종기지에 비가 오고 있다. 간혹 진눈깨비는 내린 적이 있어도 이처럼 비가 오는 경우는 거의 보지 못했다. 조사 나갈 준비를 하다가 장비를 내려놓고 쉬기로 했다. 비가 오면 옷이 젖어 춥기도 하거니와 펜으로 기록을 하는 것도 어려울 것 같아 좋은 날을 기다리기로 했다.

세종기지에서는 일주일에 절반 정도 야외 조사를 하면 운이 좋은 편이다. 바람이 워낙 자주 불고 좋지 않은 날씨가 계속되기 때문에 좋은 날을 골라 조사하기란 쉬운 일이 아니다. 적당히 격일로 바람이 불어 준다면 좋으련만. 일주일 내내 눈바람이 몰아치면 조사 걱정을 하다가도, 일주일 내내 날씨가 좋아 매일 조사를 하다 보면 힘들어 날씨가 나빠지기를 바라기도 한다. 그래도 보통은 눈바람이 불기 때문에 무리를 하면 조사가 불가능하진 않다. 그런데 이렇게 비가 오면 조사를 나갈 수조차 없다.

세종기지에 처음 발을 디딘 건 2011년 11월이었다. 그 후로 2014년까지는 매년 겨울마다 방문하다가 1년을 건너뛰고 2016년에 다시 세종기지에 들어왔다. 이번에는 펭귄 연구와 더불어 도둑갈매기 둥지 조사를 할 예정이다. 2014년까지는 이처럼 비가 오는 경우가 거의 없었다. 창밖에 빗방울이 흩날리는 남극이라니… 보고 있으면서도 신기했다.

사람들이야 쉬면 그만이지만, 펭귄들에게 있어 비는 최악이다. 어른 펭귄들은 방수 깃털을 가지고 있어 비가 와도 크게 문제가 되지 않는다. 그러나 새끼 펭귄들은 솜털을 가지고 있어 깃갈이 전까지는 물에 쉽게 젖는다. 솜털은 바람이 많이 불거나 눈이 올 땐 효과적으로 체온을 유지할 수 있지만, 비에 젖는 것은 막을 수가 없다. 어미가 필사적으로 새끼를 품어 주어도 어미 몸을 타고 흐르는 물까지 막을 수는 없기 때문이다.

남극은 사막에 비견될 정도로 건조한 곳이다. 실제로 많은 지역은 사막으로 불리기도 한다. 낮은 기온이 공기 중의 수분조차도 얼려 버려 그야말로 물기 하나 없이 건조하다. 남극에서 번식하는 펭귄은 극한 저온에 적응되도록 진화했어도 비가 오는 것에는 대비가 덜 되어 있는 것이다. 이 비에 새끼 펭귄들이 많이 죽는 것은 아닐지 걱정이 되었다.

2013년 1월 초에 강한 블리자드(Blizzard, 심한 추위와 강한 눈보라를 동반하는 폭풍설)가 8일간 몰아친 적이 있다. 조사도 하지 못하고 기지에서 발만 동동 구르다가 날이 풀리자마자 펭귄 마을로 가서 새끼 펭귄들의 숫자를 세었다. 젠투펭귄 번식지는 턱끈펭귄보다 높은 곳에 있어 같은 기간의 평균보다 다소 많은 새끼가 죽긴 했어도 큰 차이는 없었다. 그런데 해안가 가까운 곳에 위치한 턱끈펭귄의 번식지에 가 보곤 깜짝 놀랐다. 특정 번식지의 새끼들이 몰살해 있었기 때문이다. 죽은 새끼 수를 세어 보니 100마리가 넘었다. 바람 골이 지나는 곳에 위치한 번식지인데 유독 그곳만 새끼들이 전멸하고, 어미들은 죽은 새끼나마 품으려고 하고 있었다. 턱끈펭귄의 새끼들은 부화 후 열흘 정도 지나 약 15cm 정도 크기로 자란 상태였다.

 여러 복합적인 원인이 새끼들의 죽음을 몰고 온 것으로 보였다. 중형 태풍 정도 되는 초속 40m 이상의 강한 바람에 바닷물이 날리고, 바람 골을 따라 펭귄 번식지에 몰아쳤을 것이다. 어미가 다 품어 주기 어려울 정도로 자란 새끼 펭귄들은 간신히 머리만 어미의 배 아래에 끼우고 버텼겠지만, 바닷물에 솜털이 젖어 체온을 유지할 수 없었을 것이다. 다른 지역의 새끼들은 같은 바람에서도 생존한 것이 그 증거다. 새끼의 솜털과 어미의 노력이 있었으니, 물만 들이치지 않았어도 이렇게 많은 새끼들이 죽지는 않았을 것이다.

다음날 비가 그쳐 펭귄 마을에 가 보았다. 다행히도 아직 작은 크기의 새끼들은 부모 펭귄의 배 아래에서 잘 살아 있었다. 다음에도 이런 비가 오랜 시간 또 내린다면 많은 새끼들이 죽음을 당할 수도 있다. 착잡한 마음으로 기지로 복귀했다. 남극에 내리는 비가 야속하게만 느껴졌다.

세종기지가 위치한 킹조지 섬은 아남극권으로, 남극에서도 온난화의 속도가 가장 빠른 곳이다. 수년 동안 기지에 방문하고 있는 나는 이곳의 변화를 체감하고 있다. 기지에서 보이는 빙하들은 불과 몇 년 사이에 빠른 속도로 줄어들고 있고, 매년 언덕에 쌓이는 눈의 양도 확연히 줄어들고 있다. 불과 몇 년 후에는 이곳에서 빙하를 보지 못할지도 모른다는 생각이 드는 날이었다.

황제펭귄의 죽음 앞에서

펭귄의
사인에 대해
생각하다

황제펭귄의 번식지가 있는 쿨만(Coulman) 섬에 다녀왔다. 장보고기지가 위치한 로스해(Ross Sea)의 황제펭귄 번식지 중 가장 규모가 큰 곳이다. 매년 최대 3만 마리의 새끼 황제펭귄이 이곳에서 자라 바다로 떠난다. 작년에 이곳에서 세어 본 황제펭귄 새끼 개체 수는 2만 마리가 약간 안 되는 정도였다. 번식하는 개체 수가 줄어든 것인지, 작년 바다 상황이 좋지 않아 번식 성공률이 감소한 것인지는 아직 모른다. 몇 년 더 자료가 확보되면 이곳 황제펭귄 번식 개체군의 경향이 나타날 것이다. 장보고기지와 가까운 황제펭귄 번식지인 케이프워싱턴(Cape Washington)도 최대 2만 5천 마리의 새끼가 확인되던 지역이었으나, 우리 팀의 조사 결과 작년에는 1만 2천 마리 정도밖에 되지 않았다. 앞으로 이 두 지역에서의 황제펭귄 개체 수 연구는 로스해 황제펭귄 연구를 위한 중요한 자료가 될 것이다.

황제펭귄은 이곳 번식지에 매년 4월쯤 돌아와
5월부터 산란을 시작하고 7~8월경 새끼가 부화한다.

케이프할렛 캠프를 가기로 예정된 날이었지만, 함께 출발해야 할 뉴질랜드 연구 팀의 입남극이 하루 지연되어 시간을 벌었다. 그 시간에 이곳 쿨만 섬의 황제펭귄 모니터링을 다녀올 수 있었다. 장보고기지에서 한 시간 반 정도를 날아 섬에 도착했다. 황제펭귄 새끼들의 사체를 채집하고 먹이원 분석을 위한 배설물을 채집했다. 황제펭귄은 이곳 번식지에 매년 4월쯤 돌아와 5월부터 산란을 시작하고 7~8월경 새끼가 부화한다. 부화 후 약 3개월이 지난 지금은 새끼들이 많이 자라 한 달 정도면 털갈이를 시작할 것이다.

하지만 그 사이에 바다로 먹이를 구하러 나간 어미가 돌아오지 않았거나, 추위를 견디지 못한 많은 새끼들이 죽어 있었다. 11월 중순이 되면 황제펭귄 번식지에 도둑갈매기가 날아든다. 죽어 있는 새끼의 사체를 먹기 위해서다. 따라서 더 늦으면 깨끗한 사체를 얻을 수가 없다. 다행히 아직은 도둑갈매기가 많지 않아 깨끗한 사체를 얻을 수 있었다. 이런 사체들은 중금속과 같은 오염 물질, 기생충 등의 연구에 활용될 예정이고, 가죽은 박제 표본으로 남겨질 예정이다.

남극에서 수많은 죽음을 목격하고 있다. 육상에서 죽은 사체들은 낮고 건조한 기후 때문에 거의 썩지 않고 말라 미라가 된다. 이런 이유로 펭귄 번식지에서는 죽은 지 얼마 되지 않은 사체부터, 언제 죽었는지 모르는 사체까지 수많은 주검을 만날 수 있다.

돌아보던 도중 번식지의 한복판에 황제펭귄 성체의 사체가 덩그러니 놓여 있었다. 벌써 도둑갈매기가 많이 쪼아 가슴 부위 위로는 뼈가 거의 드러났다. 장보고기지 네 번째 방문이지만 번식지에서 황제펭귄 성체의 사체를 보는 것은 쉬운 일이 아니다. 황제펭귄은 매년 녹았다가 다시 어는 해빙 위에서 번식하기 때문에 여름이 되면 사체는 해빙과 함께 바다로 들어간다. 지금 남아 있는 사체들은 고스란히 올해 번식 기간에 죽은 개체들이라는 뜻이다. 이 녀석은 왜 죽었을까. 제 수명을 다 마치고 죽었을까, 아니면 질병이나 포식자의 공격으로 죽었을까. 사체만 보고는 도저히 알 수 없는 펭귄의 사인에 대해 생각했다.

야생에서 제 수명을 다 사는 동물은 많지 않다. 나이가 들어 몸이 약해져 있다면 바다에 나갔을 때 표범물범 같은 포식자를 피해 달아나지 못했을 것이다. 굶어 죽었을까? 펭귄은 굶는 일이 일상이기 때문에 굶어 죽었다고 보기도 어렵다. 아마도 번식을 위해 찾아온 녀석은 어떤 이유에서든지 몸이 약해져 있었고, 결국 혹한의 남극 겨울을 버텨 내지 못했을 것이다. 야생에서 죽음은 언제나 가까이 있다지만 번식지에서 스러져 가고 있는, 지구상에서 가장 큰 펭귄의 사체를 보고 있자니 안타까운 마음이 들었다. 새끼는 어떻게 되었을까. 새끼가 있는 개체였다면 그 새끼 펭귄도 추위와 배고픔을 이기지 못했을 것이다. 번식 기간에 성체의 죽음은 혼자만의 죽음이 아니기 때문이다.

바다 얼음 위에 위치한 이곳 번식지는 앞으로 빠르면 12월, 늦어도 1월 이내에 떨어져 나갈 것이다. 그때가 되면 펭귄들도 더 이상 이곳에 머물지 못하고 바다로 나가야 한다. 11월 중순이 넘은 후로 번식지에는 도둑갈매기들이 속속 도착하고 있다. 도둑갈매기에게 이 성체의 사체는 먹이로서 아주 매력적으로 보였을 것이다. 아직 새끼들의 사체가 곳곳에 많이 남아 있음에도 이 성체가 유독 많이 뜯어 먹힌 것은 크기가 커서 도둑갈매기의 눈에 잘 띄었을 것이며, 먹을 것도 가장 많았기 때문일 것이다.

남극에서는 먹을 것이 귀하다. 극한 환경에서 번식하는 황제펭귄들 중 일부는 여러 이유로 죽게 되고, 그 사체는 도둑갈매기의 먹이가 되어 도둑갈매기 새끼들을 키워 낸다. 이곳에 사는 동물들은 그 죽음을 전혀 개의치 않을뿐더러 그 사체는 다른 생물의 영양분으로 계속해 이어진다. 어떤 사체는 번식지의 일부가 되어 다른 후손들의 둥지 재료로 이용되기도 한다. 그리고 지금 살아 있는 동물들도 언제가 될지 모르는 가까운 미래에, 마찬가지로 그렇게 자연으로 돌아갈 것이다.

황제펭귄 사체의 부리에는 여전히 살아생전에 화려했던 보랏빛이 남아 있었다. 이곳에서 태어난 후 무서운 포식자들을 피해 바다로 나가 드넓은 남극 바다를 누비고, 영하 40도 이하의 혹한을 견디며 새끼를 키워 냈을 한 마리의 펭귄은 지금 번식지의 한복판에서 다른 남극 생물의 먹이가 되어 흩어지고 있다. 비단, 남극뿐만 아니라 어느 곳에서도 적용되는 자연의 법칙일 것이다.

갈색 펭귄을 보았다

브라우니와
골드니 이야기

갈색 아델리펭귄은 2018년에도 같은 자리를 찾았다. 마치 데 자뷔처럼 일 년 만에 찾은 번식지에서 전년도와 같은 모습의 갈색 펭귄을 만났다. 똑같은 자리에 다시 둥지를 만든 녀석은 짝도 없이 둥지를 지키고 있었다. 일 년 동안 무사히 여행을 마치고 돌아온 것에 안도감이 들면서도, 또다시 짝도 없이 홀로 외롭게 자리를 지키는 모습이 안타깝다. 갈색의 털을 가진 이 펭귄에게 브라우니(Browny)라는 이름을 붙여 주었다.

그러나 이번엔 한 마리의 갈색 펭귄이 더 관찰되었다. 이 펭귄은 브라우니보다도 더 밝은 금색의 털을 가진 녀석이다. 이 녀석은 브라우니와는 다르게 번식지 이곳저곳을 활발히 돌아다니고 있었다. 하루는 바닷가에서, 하루는 언덕 아래에서, 다른 하루는 캠프지 인근에서 녀석을 볼 수 있었다. 둥지에서 가만히 자리를 지키고 있는 브라우니와 다르게 이 금색 펭귄은 활기차 보였다. 여러 펭귄의 무리에 섞여 이곳저곳을 배회하는 모습이 아직 둥지가 없는 것처럼 보였다. 이 활기찬 녀석에게는 몸의 색깔을 빗대어 골드니(Goldny)라는 이름을 붙여 주었다.

아델리펭귄은 태어나서 번식하기까지 약 3년이 걸린다. 그 사이에는 번식지에 돌아오더라도 번식을 하지 못한다. 이 시기에는 여기저기를 돌아다니며 지형을 익히고, 나중에 번식할 장소를 찾는다. 아마도 골드니는 아직 번식할 나이가 되지 않은 어린 펭귄인 것 같았다. 꽁지깃은 하나도 없이 빠져 있는 데에다가 희끗한 색깔 때문인지 약해 보이기도 했지만, 활기차게 번식지 이곳저곳을 돌아다니는 모습을 보니 딱히 건강에 문제가 있어 보이지는 않았다. 바닷가에서 물놀이를 하기도 하고, 도둑갈매기가 모여 있는 웅덩이로 가서 도둑갈매기들을 쫓아내기도 했다. 여러 마리의 펭귄 무리에 섞여 얼음 위에서 낮잠을 자고 있기도 했다. 외톨이인 브라우니와 달리 펭귄들의 무리에 섞이려고 노력하고 있었다. 브라우니는 짝을 만나지 못했지만, 골드니는 어쩌면 짝을 만날 수 있을지도 모른다고 생각했다.

브라우니와 골드니는 겉으로 성체의 형태를 하고 있었다. 아직 번식에 참여할 나이가 되지 못했을 수도 있지만, 2년간 둥지를 만든 브라우니의 경우는 번식이 가능한 나이가 되었

- 갈색의 털을 가진 이 펭귄에게
  브라우니라는 이름을 붙여 주었다.
  짝도 없이 홀로 외롭게 자리를 지키는 모습이 안타깝다.
- • 브라우니보다 더 밝은 금색의 털을 가진 녀석에게
  골드니라는 이름을 붙여 주었다.
  외톨이인 브라우니와 달리
  펭귄들의 무리에 섞이려고 노력하고 있었다.

을 것이다. 그러나 두 돌연변이 펭귄은 짝에게 선택을 받지 못하고 홀로 생활하고 있었다. 짝을 구하는 펭귄에게 있어 외모는 중요한 요소이다. 어쩌면 다른 펭귄들에 비해 옅은 색깔의 털이 매력적으로 보이지 못할 수도 있다. 번식지에서 두 마리의 펭귄을 만날 때마다 안쓰럽게 느껴지고, 언젠가 꼭 제 짝을 만나 번식하는 모습을 보고 싶었다. 케이프할렛 캠프에 방문할 때마다 제일 먼저 브라우니가 있는 장소를 찾아가 건강하게 잘 지내고 있는지 확인하고, 골드니를 찾아다녔다. 비록 혼자일지언정 그들을 발견하면 반가운 마음이 들었다.

2018년 12월 말 케이프할렛 2차 캠프를 마칠 때까지만 해도 브라우니는 열흘 넘게 둥지를 지키고 있었지만, 1월 말에 다시 방문했을 때 이미 사라지고 없었다. 다른 펭귄들의 새끼는 이미 거의 다 자라 털갈이를 하고 있는 시기였다. 먹이를 구하러 바다도 나가지 않은 브라우니는 홀로 둥지를 지키다 결국 짝을 찾지 못하고 번식지를 떠난 것이다. 그 이후 브라우니는 번식지에서 볼 수 없었다. 다시 이곳을 방문하게 된다면 짝을 만나 번식 중인 브라우니와 골드니를 만나고 싶었다. 마음속이지만, 두 마리의 독특한 펭귄을 응원했다.

2019년 12월. 극지 연구소를 떠나 자리를 옮겼다. 남극으로 떠난 사람들의 소식이 궁금해 용수와 서명호 강사님에게

메시지를 보냈다. 1차 캠프를 막 마치고 돌아온 사람들에게 브라우니와 골드니 소식을 첫 번째로 물어보았다. 그리고 놀라운 답변이 돌아왔다. 골드니가 짝을 만나 번식하고 있다는 것이다. 그 소식에 환호성이라도 지르고 싶었다. 활기찼던 특이한 펭귄은 짝을 만나는데 성공해 알을 품고 있다고 했다. 너무나 뿌듯하고 기분 좋은 소식이었다.

그렇지만 브라우니는 2년간 둥지를 틀었던 장소에서 더 이상 관찰되지 않았다고 한다. 추운 남극의 겨울을 버티지 못하고 어딘가에서 죽어 바다로 돌아갔을지도, 아니면 알지 못하는 다른 번식지로 옮겨가 둥지를 틀고 알을 낳아 품고 있을지도 모를 일이다. 브라우니가 알을 품고, 바다에 뛰어들고, 둥지로 돌아와 새끼에게 먹이를 먹이는 모습을 상상했다. 그 모든 여정이 눈앞에 그려지는 듯 했다.

다르다는 건 틀린 게 아니다. 브라우니의 털색이 조금 다르다고 하여 그 삶마저 부정당하지는 않았으면 하는 바람이 들었다. 브라우니가 다른 펭귄들과 조금은 다를지라도 어디선가 분명히 잘 살아가고 있으리라 믿는다.

새끼 펭귄 입양 보내기

기쁘면서도
슬펐던
어떤 날

로거를 부착한 펭귄들을 기다리고 있는데 도둑갈매기 두 마리가 슬금슬금 눈치를 보며 다가오고 있었다. 멍하니 그것을 지켜보는데, 두 녀석의 목적지쯤으로 보이는 곳이 무언가 이상했다. 검은 어미 털색이 아닌 회색의 새끼 털색만 보인다. 그곳엔 새끼 두 마리만 어미 없이 둥지를 지키고 있었다. 도둑갈매기가 슬금슬금 다가가자 주변 펭귄들이 난리가 났다. 경계음이 심해지자 조용하던 새끼 두 마리가 놀란 듯 일어나 둥지를 벗어났다. 본의 아니게 옆 둥지에 침입한 두 새끼가 다른 어미 펭귄들의 공격을 받기 시작했다.

이대로 두면 도둑갈매기가 아니라 다른 펭귄에게 물려 죽을 수도 있겠다 싶을 때 고민하다 둥지로 달려가 새끼 두 마리를 구해 냈다. 그러나 어미가 없는 둥지에 새끼만 둘 수도 없는 노릇이다. 기회만 노리던 도둑갈매기가 입맛을 다시듯 물러섰다. 그러나 멀리 달아나지 않고 주변을 맴돈다.

이게 어찌된 일인가. 아델리펭귄 부모가 사라졌다. 도대체 부모들은 어딜 갔단 말인가. 둥지에서 어미 펭귄인 양 다리 사이에 새끼를 놓고 서 있으니 새끼들이 다리 사이로 파고들며 부들부들 떨고 있었다. 계속해서 둥지를 지키고 있을 수만도 없다. 고민하다 펭귄을 잡는 그물로 새끼들을 덮어 두었다. 도둑갈매기가 공격하지 못하고, 새끼도 다른 곳으로 가지 못하도록 말이다.

일을 하면서 간간이 둥지를 살폈다. 새끼를 버리고 나간 어미 펭귄이 돌아오는지 확인하기 위해서다. 어미가 돌아오면 그물을 치워 줘야 한다. 그러나 몇 시간이 지나도록 어미는 돌아오지 않았다. 기온이 급격하게 내려가는 밤까지 녀석들을 지켜보고 있을 수는 없었다. 결국 오래지 않아 둘 중 한 마리의 새끼가 죽었다. 굶어서 그랬을 수도, 체온을 유지하지 못했을 수도, 또는 옆 둥지의 공격에 치명상을 입었을 수도 있다. 결단을 해야 했다. 나머지 한 마리마저 이대로 둔다면 얼마 버티지 못할 것이다. 그때 팀원 중 한 명이 다른 펭귄에게 입양을 보내는 게 어떨지 의견을 내었다. 우리는 진지하게 입양에 대해 고민했다.

세종기지에서 턱끈펭귄을 연구하고 있을 때였다. 간혹 알을 세 개 낳은 펭귄이 있어 부화가 되는지 매일 살펴보았다.

턱끈펭귄의 포란반(새가 알을 품는 부위)은 펭귄 알 두 개가 딱 알맞다. 더 많은 알을 낳으면 추운 남극에서 모두 부화시킬 수가 없다. 새는 품은 알을 주기적으로 굴리며 모든 알의 온도가 잘 유지되도록 하는데, 알이 세 개면 한 개는 항상 삐져나와 온도가 낮아지고 만다. 결국 알 세 개가 모두 포란 온도를 유지하기 어렵게 된다. 남극의 펭귄이 여러 개의 알을 낳지 않는 이유이다. 황제펭귄은 둥지를 만들지 않고 발등에 알을 얹어 포란한다. 때문에 한 개의 알만 낳는다. 두 개의 알을 발등에 얹을 수 없기 때문이다.

알 세 개를 낳은 턱끈펭귄 둥지의 알이 모두 부화한 것은 볼 수 없었다. 세 개의 알을 낳은 둥지는 언제나 부화에 실패했다. 그런데도 새끼를 세 마리씩 키우는 둥지가 의외로 많았다. 아마도 우연히 이웃 둥지의 새끼가 옆 둥지에 들어가고, 그 둥지의 어미가 받아들여 키우게 되는 경우인 것 같았다. 어미와 새끼가 각인되기까지는 일정한 시간이 필요하기 때문에 그 사이에 다른 새끼가 끼어든 경우라면 받아들여진 것이다.

이런 상황을 생각하면 입양이 아주 어려운 일은 아닐 것 같았다. 혹시나 그 사이에 어미 펭귄이 돌아오지 않을까 몇 시간만 더 기다려 보기로 했다. 그러나 처음 둥지를 발견하고 수 시간이 지나도록 결국 어미 펭귄은 둥지로 돌아오지 않았다.

다행히도 어미는 새로 들어온 새끼를 공격하지 않았다.
입양된 새끼는 겁에 질려서 그런지 새로운 어미의 배와 발 사이에서
꼼짝도 하지 않고 머리를 박고 있었다.

이미 시간은 밤 11시에 가까워졌고, 기온이 급속도로 낮아지고 있었다. 비록 백야 기간이라 해가 떨어지지는 않지만 연구원들도 잠자리에 들 시간이다. 도저히 이대로 새끼를 두고 돌아갈 수는 없어서 입양을 시도해 보기로 했다. 그대로 둔다면 새끼는 100%의 확률로 이 밤을 버티지 못하고 체온 저하로 죽거나 도둑갈매기에게 희생될 게 뻔했다.

우선 한 마리의 새끼만 키우는 둥지를 찾아보기로 했다. 다만, 새끼가 너무 큰 경우 어미가 받아들이기 힘들기 때문에 어미 잃은 새끼와 크기가 비슷하면서 가능한 한 작은 크기의 새끼가 있는 둥지를 찾기로 했다. 새끼와 함께 아직 부화하지 않은 알을 품고 있는 둥지는 제외했다. 한 마리의 어린 새끼를 품고 있는 둥지는 어렵지 않게 여러 곳에서 찾을 수 있었다. 그중 둥지의 위치가 번식지의 중심부에 있는 둥지로 결정했다. 입양을 받아 줘야 하는 둥지의 부모에게는 미안한 일이다. 한 마리의 새끼를 키우는 것보다 두 마리의 새끼를 키우는 것은 더 힘이 들 터이다. 잘못하면 원래 키우고 있던 새끼가 피해를 입을 수 있다.

일반적으로 번식지의 중심부에 있는 둥지들은 새끼를 더 잘 키우고 번식 경험이 많은 개체일 확률이 높다. 이런 기대를 가지고 중심부의 둥지를 선택한 다음 한동안 둥지를 관찰했다. 어미는 새끼에게 열심히 먹이를 주고 있고, 몸 상태도 건강해 보였다. 슬그머니 다가가 어미 잃은 새끼 펭귄을 새로운 어미의 배 아래에 조심히 밀어 넣었다. 사람의 접근에 어미 펭귄은 경계음을 내었지만 배 아래 들어온 새끼를 공격하지는 않았다. 일이 끝난 후 한동안 멀리서 둥지를 지켜보았다.

다행히도 어미는 새로 들어온 새끼를 공격하지 않았다. 입양된 새끼는 겁에 질려서 그런지 새로운 어미의 배와 발 사이에서 꼼짝도 하지 않고 머리를 박고 있었다. 팀원들과 간절한 마음으로 입양된 둥지를 지켜보았다. 한 시간이 넘도록 지켜보았으나 아직까지 어미는 다른 새끼가 들어온 것을 신경 쓰지 않는 것 같았다. 새벽녘이 다 되어서야 텐트로 돌아갔다. 물티슈로 간단히 얼굴과 발을 닦고 차가운 침낭 안에 몸을 누이면서도 새끼 펭귄이 걱정되었다.

다음날 일어나 아침 식사 준비 전에 후다닥 둥지가 있는 위치로 가 보았다. 다행히 두 마리의 새끼를 모두 잘 품고 있었다. 한동안 바라보니 먹이도 먹인다. 다행이다. 가슴을 쓸어내렸다. 이후로도 캠프가 끝날 때까지 이따금씩 둥지를 살폈다. 새로운 둥지의 어미는 우리가 밀어넣은 새끼를 자기 새끼로 잘 받아들인 모양이었다. 새끼가 먹이를 달라고 보채기도 하고 어미도 먹이를 잘 토해 준다.

입양은 성공적이었다. 다만 마음이 그리 편치만은 않았다. 원래의 부모들이 어디로 갔는지, 그리고 왜 사라졌는지 알 수가 없었다. 자연의 일에 개입한 것이 좋은 일인지 아닌지도 판단이 잘 서지 않았다. 펭귄을 조사하면서 항상 하는 생각이다. 부모들이 사라진 게 혹시나 우리 때문은 아닐까… 기쁘면서도 동시에 슬펐던 펭귄의 입양일에 대한 기억이다.

펭귄은 깨끗하지 않다

남극에
깔끔한 연미복 신사는
없다

일반적으로 '펭귄' 하면 떠오르는 이미지는 하얀 배와 검은 등을 가진 깔끔한 연미복 신사의 모습일 것이다. 인터넷에서 펭귄을 검색해 봐도 대부분 깨끗한 펭귄만 볼 수 있다. 물론 실제로도 물가에 나와 있는 펭귄들은 사진과 같이 깨끗한 모습이 대부분이다. 그러나 번식지에서의 펭귄은 그런 이미지를 깨뜨리고도 남는다.

처음 남극세종기지에 가게 되었을 때까지만 해도 나 역시 펭귄을 깨끗한 동물로 생각했었다. 사실은 한국에서도 새들의 번식지를 돌아다녀 본 적이 많았다. 번식 기간 동안 집단으로 번식하는 바닷새의 번식지는 매우 더러운 경우가 대부분이었다. 갈매기의 번식지는 그들이 싸 놓은 배설물과 먹다 뱉은 먹이들이 썩어 냄새부터 고약하다. 특히 무더운 여름은 그 냄새가 더 심하다. 백로나 가마우지의 번식지도 마찬가지다. 이들은 나무 위에서 번식하기 때문에 진정한 모습을 보려면 번식지 아래 숲속에 들어가 봐야 하는데, 그런 경우 우산을 준비하는 게 좋다. 나무 위 둥지에서 새들의 배설물과 먹다 뱉은 물고기, 개구리 등의 사체가 언제 머리 위로 떨어질지 모르기 때문이다. 썩어 가고 있는 그것들이 옷에 묻기라도 하면 큰일이다. 아무리 세탁을 해도 잘 지워지지 않는다. 새들의 번식지가 보편적으로 이렇다는 사실을 알면서도 막상 펭귄의 번식지는 그런 모습을 잘 상상할 수 없었다. 깔끔한 둥지에서 깔끔한 펭귄이 깔끔한 새끼를 키우는 모습. 그게 상상 속의 펭귄 번식지였다.

이러한 생각은 처음 세종기지 펭귄 마을에 갔을 때 바로 바뀌었다. 펭귄의 번식지는 온통 배설물로 가득했고 냄새는 숨 쉬기 어려울 정도로 고약했다. 간혹 눈이 오거나 날씨가 추울 땐 배설물이 눈에 덮이고 냄새가 덜 나서 실상을 감춰 주기도 했지만, 일반적인 번식지의 모습은 그게 아니었다. 날 수 없는 펭귄들이 번식 기간에 번식지에서만 계속 생활하다 보니 배설물이 자꾸 바닥에 쌓일 수밖에 없었다. 눈이나 비가 오고 나면 그 배설물들은 용암처럼 흐르기 일쑤였다. 남극도 여름에는 기온이 영상으로 올라가기도 하는데, 이런 날에는 배설물이 점점 썩어서 고약한 냄새가 멀리까지 퍼진다. 둥지에서 새끼를 키우는 펭귄들은 이런 배설물 진창을 들락거려야 하고,

둥지 간 거리가 워낙 가깝기 때문에 옆 둥지의 펭귄이 발사한 배설물을 고스란히 뒤집어쓰는 경우도 많다. 그래서 번식 중인 펭귄은 깨끗한 녀석을 찾기가 쉽지 않다. 물론 바다에 나갔다 오면 깨끗해지지만.

펭귄을 잡지 않고 행동 관찰만 하는 경우에는 그렇게 나쁘지 않다. 배설물은 주로 펭귄의 번식 집단 안쪽에 쌓이고, 번식 집단에 들어갈 일이 없다면 연구자의 몸에 똥이 묻는 일은 흔치 않으니까. 그러나 펭귄을 연구하다 보면 불가피하게 펭귄을 잡아야 하는 경우가 많다. 펭귄의 행동 연구를 위해 데이터 로거를 붙인다든지, 분석용 시료를 얻기 위해 혈액이나 깃털을 채집할 때는 어쩔 수 없이 펭귄을 붙잡아야 한다. 이런 경우 펭귄의 배설물이 고스란히 몸에 묻게 된다. 펭귄의 격한 반항에 배설물 덩어리들이 하늘로 날려 얼굴을 포함한 온몸에 묻을 때의 기분을 누가 짐작할 수 있을까?

하루 종일 그런 일을 하고 기지에 돌아오면 다른 연구자들은 펭귄 연구자들을 슬금슬금 피해 다니곤 했다. 물론 세종기지에서는 매일 씻고 빨래를 할 수 있어 그나마 낫다. 하지만 장보고기지에서는 캠프 생활을 하면서 펭귄을 연구해야 하기 때문에 씻을 수 없어 큰 고역이다. 다른 연구자들에게도 피해를 주고, 매일 들어가야 하는 침낭에 자칫 배설물이 묻었다간 남은 캠프 생활이 괴로워질 수 있다. 그래서 장보고기지에서는 작업복 위에 방진복을 한 벌 더 입고 작업을 한다. 이렇게라도 하면 그나마 옷에 직접 묻는 배설물이 줄어 훨씬 낫다.

 언젠가 학생들에게 펭귄이 배설물을 뒤집어쓰고 있는 모습을 사진으로 보여 준 적이 있다. 깨끗한 펭귄만 봐 온 그들은 요즘 말로 '멘탈 붕괴'가 올 정도로 놀랐다며, 펭귄의 이미지를 깨뜨린 나에게 핀잔 아닌 핀잔을 늘어놓았다. 펭귄에 대한 좋은 이미지를 깨뜨린 건 미안하다만, 이것이 사실인 걸 어쩌리. 그래도 많은 학생들이 이런 모습은 처음 본다며 신기해하기도 했다. 깨끗한 펭귄의 이미지만 생각했는가? 번식지에서 펭귄은 절대 깨끗하지 않다.

간혹 눈이 오거나 날씨가 추울 땐
배설물이 눈에 덮이고 냄새가 덜 나서
실상을 감춰 주기도 했지만,
일반적인 번식지의 모습은 그게 아니었다.

짝을 부르는 소리가 들린다

얇은 날개를
퍼덕이며
목청껏

펭귄들이 하늘을 향해 울부짖고 있다. 날개를 규칙적으로 퍼덕이면서 하늘을 향해 울부짖는다. 이런 행동을 두고 하늘을 향해 뾰족한 부리를 치켜 든 모양새라고 하여 '스카이 포인팅(Sky Pointing)'이라고 부른다. 바다에 나가 있는 짝에게 "얼른 돌아와, 나 여기서 새끼와 기다리고 있어."라는 음성 신호를 보내는 것이다.

이런 행동은 단독으로 하지 않고 같은 소집단의 펭귄들이 동참했다. 싸울 때의 크고 경망스러운 소리와는 다른, 뚜렷하면서도 강한 소리를 하늘을 향해 주기적으로 내뱉는다. 그리고 그 사이사이에는 그저 하늘을 향해 고개를 쳐들고 날개만 퍼덕이는 녀석들도 있다. 모든 펭귄이 다 같이 소리를 내는 경우도 많았지만, 한 마리씩 돌아가며 소리를 내기도 했다. 한 마리가 울고 나면 조용한 침묵이 이어지고, 곧 또 다른 녀석이 울부짖는다. 그 펭귄이 마치고 나면 또 다른 펭귄이, 그리고 또 다른 펭귄이 이어받아 주기적으로 계속해서 소리를 낸다. 어쩌면 혼자 하는 것보다 이렇게 다 같이 순서를 정해 소리를 내는 것이 오랜 지속에 유리할지도 모른다.

왜 날개를 퍼덕이는지는 알 수 없지만, 몸을 곧추 세울 때 균형을 잡으려는 것 같기도 하고, 하늘을 향해 헤엄치는 것처럼 보이기도 했다. 어찌 보면 얇고 가는 날개를 퍼덕이며 목청을 높여 소리를 내는 모습이 우스꽝스럽기도 했다. 그리고 한 마리, 두 마리 이런 행동을 멈추게 되면 곧 모든 개체가 멈추기도 하고, 아직 미련이 남은 개체들이 계속해서 소리를 내면 멈추었다가도 다시 고개를 들고 하늘을 향해 울부짖는 행동을 따라 하기도 했다.

날씨가 좋은 날에는 펭귄들이 더 바삐 바다를 오가는데, 이런 날에는 스카이 포인팅도 더 자주 관찰되었다. 상대적으로 날씨가 추운 날에는 알과 새끼를 품어 주기 위해선지 이런 행동이 드물었다. 아무래도 추운 날 알과 새끼가 공기에 노출되는 시간이 길면 좋지 않기 때문일 것이다. 물론 추운 날에는 오가는 펭귄도 줄기 때문에 목청껏 불러 봐야 들어 줄 짝의 수도 적고, 동참해 줄 동료도 적을 것이다.

날씨가 좋은 날 펭귄들이 하늘을 향해 목청껏 소리를 내는 것은 어쩌면 바다에 나간 자신의 짝에게 "좋은 기회를 놓치지

마, 얼른 많은 먹이를 먹고 둥지로 돌아와." 하는 펭귄들의 재촉 신호일지도 모른다.

 들리지는 않겠지만, 나도 펭귄처럼 한국에 있는 가족들에게 신호를 보내는 상상을 했다. 가만히 귀를 기울이면 집에 두고 온 가족들이 부르는 소리가 들리는 것 같은 느낌이었다. 펭귄들의 세상에서 펭귄들의 행동을 관찰하며 펭귄을 닮아 간다. 고개를 들어 소리 내는 대신 위성 전화기를 들고 밖에 나와 가족들에게 전화를 걸었다. 가족들의 목소리가 듣고 싶어졌다.

죽음은 언제나
삶의 가장 가까운 곳에 있다

자연에서
삶과 죽음은
다르지 않다

오랜 세월 동안 케이프할렛은 펭귄들의 번식지로 이용되어 왔다. 수명을 다하거나 다른 이유로 죽은 펭귄들은 번식지 바닥에 그대로 말라붙어 미라가 되었다. 남극은 기온이 낮고 건조해서 동물들이 죽고 나면 잘 썩지 않는다. 케이프할렛의 가장 안쪽에는 약간 오목한 지형이 있는데, 이곳에서는 수많은 펭귄의 미라와 만날 수 있었다.

어디를 가든지 펭귄의 미라가 많지만, 이곳은 특히나 많은 미라가 모여 있다. 다양한 형태의 주검들이 여기저기 흩어져 나뒹굴고 있다. 그중 많은 녀석의 배에 작은 구멍이 뚫려 있는데, 죽고 나서 또는 죽기 이전에 도둑갈매기에게 내장을 빼앗긴 흔적이다. 도둑갈매기들은 새끼 펭귄을 사냥하면 먼저 내장을 먹는다. 어미 펭귄이 토해 준 먹이가 뱃속에 가득 차 있기 때문이다. 또한 펭귄은 지방이 두껍고 근육이 적다. 단단한 지방을 찢고 적은 근육을 먹기보다 우선 먹기 편한 내장을 먼저 먹는 것이다. 내장은 비타민 등 영양분이 많아 포식자들이 선호하는 부위이다. 먹고 나면 배에 작은 구멍이 생기는데, 내장을 먹고 난 이후에도 배가 고플 경우 나머지를 먹기도 한다. 하지만 내장만 먹고 버려지는 경우가 더 많았다.

이렇게 죽어 모여 있는 펭귄들은 대부분이 새끼다. 성체는 너른 바다를 떠돌기 때문에 죽더라도 이렇게 한곳에 모여 있기가 쉽지 않다. 이곳에서 번식하는 약 5만 쌍의 아델리펭귄 중 많은 수는 다 자라지 못하고 죽는다. 바다로 나가 보지 못한 녀석들은 이곳의 영양분이 되어 다시 땅으로 돌아가고 있다. 하지만 워낙 속도가 느리다 보니 마치 묘지처럼 펭귄의 주검이 쌓여 가고 있다. 매번 이곳을 지날 때마다 숙연해지는 느낌이 들었다.

펭귄의 번식지에서 조사를 하다 보면 수많은 펭귄의 주검들을 만나게 된다. 토양이 부족한 남극에서 주검들은 바닥에 쌓이고 배설물과 뒤섞여 구아노 층(건조한 해안 지방에서 바닷새의 배설물이 응고 및 퇴적된 것)이 되어 다른 펭귄의 둥지를 받친다. 뼈는 둥지의 재료로 이용되고, 깃털은 알이 놓이는 자리에 쓰였다. 파도에 무너져 내린 흙 사면 속에는 층층이 펭귄들의 사체가 쌓여 있었다. 비탈길에 자리 잡은 펭귄들의 둥지를 받치고 있는 것도 펭귄의 사체였다. 주검은 단순히 사체로서 놓여 있지 않고 번식지의 일부가 되어 가는 것이 눈에 보였다.

인익스프레시블 섬 번식지는 해안가의 낮은 위치에 밀집되어 있는데, 언덕 위에도 소수의 번식 집단이 자리 잡고 있었다. 언덕으로 갈수록 큰 돌이 많아 둥지를 틀기 어려운데도 바위틈 사이사이에 소수의 아델리펭귄들이 둥지를 틀고 알을 낳았다. 오가는 길에 눈이 쌓여 있으면 괜찮지만, 눈이 녹아 돌이 드러나면 펭귄들은 작은 몸으로 많은 돌들을 넘어 다녀야 했다. 깊은 돌 틈에는 펭귄들의 미라가 유독 많이 쌓여 있었다. 죽은 펭귄의 미라가 바람에 날려 돌 틈 구덩이에 모였을 수도 있지만, 살아 있는 펭귄도 구덩이에 빠지면 올라오기 어려워 결국 미라가 된 것 같았다.

1월 중순부터 성체만큼 자란 새끼들이 삼삼오오 큰 바위 뒤에 모여들었다. 강한 바람이 불 때 돌 뒤에 모여 있으면 바람을 피하기 좋을 터였다. 그렇지만 유독 높은 지대에 위치한 번식 집단의 새끼들은 그 수가 적었다. 아직 다리 힘이 약한 새끼들이 큰 바위들을 피해 낮은 곳으로 무사히 내려오기는 쉽지 않았을 것이다. 많은 수는 낮은 곳으로 내려오다가 자연의 덫에 걸려 그대로 말라 가고 있는 것처럼 보였다. 언젠가 구덩이는 펭귄들의 사체와 배설물이 쌓여 메워지고 펭귄들은 더 높은 곳까지 올라갈 수 있게 될 것이다.

번식 집단이 없는 언덕의 뒷산 위에서도 많은 펭귄의 사체를 볼 수 있었다. 번식지에서 1km가 넘게 떨어진 곳에서도 펭귄의 미라를 어렵지 않게 발견할 수 있었다. 바싹 마른 미라가 바람에 날려 왔을 수도, 아니면 길을 잃은 펭귄이 어미를 찾다가 죽어 갔을지도 모를 일이다. 경건한 마음으로 미라를 하나하나 들여다보았다. 제각각의 역사가 보이는 듯했다.

가장 왕성한 생명을 느낄 수 있는 번식지의 이면에서 죽음 또한 강하게 다가왔다. 죽은 펭귄은 그대로 다른 펭귄의 둥지 재료가 되고, 다른 동물의 먹이가 되었으며, 번식지의 일부가 되어 가고 있었다. 가능한 한 펭귄의 사체를 밟지 않으려 노력했지만 그것은 불가능한 일이었다. 펭귄의 묘지에서 짧은 묵념을 하고 돌아섰다. 펭귄들은 무심한 듯 사체들 사이를 지나쳤다. 자연에서 삶과 죽음은 다름이 아니었다.

죽은 펭귄은 그대로 다른 펭귄의 둥지 재료가 되고,
다른 동물의 먹이가 되었으며,
번식지의 일부가 되어 가고 있었다.

새끼 펭귄이 죽어 있었다

모든 새끼가
살아남을 수는
없겠지만

펭귄의 번식지는 많은 펭귄이 모여 있다 보니 아무래도 펭귄의 주검도 가장 많이 볼 수 있는 지역이다. 사냥꾼이자 청소부인 도둑갈매기들은 새끼 펭귄들을 여기저기서 가져와 서로 뜯어 먹는다. 새끼의 사체들은 도둑갈매기들이 다 처리하기 어려울 정도로 어디에나 널려 있었다. 일부 사체는 도둑갈매기의 영양분이 되어 자연으로 돌아가겠지만, 많은 수는 번식 집단에 그대로 남아 미라가 되어 말라가거나 둥지의 재료가 된다.

 번식지를 지나가는데, 아델리펭귄 새끼 세 마리가 죽어 있었다. 한 마리는 얼굴 부위에 큰 부상을 입고 피를 흘리며 죽었고, 나머지 두 마리는 외상도 없이 죽은 채였다. 아무래도 이곳에서 어떤 사건이 일어났던 모양이다. 가끔 따뜻한 날에는 새끼 펭귄들이 둥지에 머물지 않고 둥지 밖에 나와 있기도 한다. 이럴 때 갑작스런 도둑갈매기의 공격이 있는 경우 방어를 위해 나선 이웃 펭귄에 놀란 새끼들이 허둥지둥 흩어지고, 부모와 멀리 떨어질 수도 있다. 부상을 당한 새끼는 아마도 무심결에 둥지를 뛰쳐나왔다가 주변 펭귄들의 공격을 받은 것 같았다.

펭귄의 둥지는 촘촘하게 붙어 있어 도둑갈매기의 공격에 합심하여 방어할 수 있는 장점이 있지만, 새끼들에게 옆 둥지의 어미 펭귄은 그야말로 또 다른 적이다. 새끼들이 둥지를 벗어나면 옆 둥지의 어미는 그 새끼를 무섭도록 공격한다. 새끼들은 둥지를 벗어나 보육원이 형성될 때까지는 가만히 둥지 안에 있는 게 가장 안전하다. 지금 죽은 새끼들은 무언가 사건이 일어났을 때 한꺼번에 둥지 밖으로 밀려 나왔던 것 같다. 이 녀석들은 크기도 작아 아마 자력으로 본래의 둥지를 찾아가기도 어려웠을 것이다. 아무리 날씨가 좋아도 거의 영하에 가까운 기온이기 때문에 외상이 없는 새끼들도 오래 버티지 못하고 그대로 얼어 갔을 것이다.

또, 굶어 죽는 새끼 펭귄도 수없이 많다. 먹이를 구하러 바다에 나간 어미 펭귄이 돌아오는 데는 최소 하루 이상의 시간이 소요된다. 배가 고픈 새끼들 중 많은 수는 바다에 나간 부모가 먹이를 가져올 때까지 기다리지 못하고 죽어간다. 바다에 나간 부모가 포식자를 만났거나, 해빙에 갇히는 사고를 당

새끼들은 둥지를 벗어나
보육원이 형성될 때까지는
가만히 둥지 안에 있는 게 가장 안전하다.

해 둥지로 돌아오지 못했거나, 또는 알 수 없는 이유로 돌아오는 데 오랜 시간이 걸렸을지도 모른다.

오늘도 많은 새끼 펭귄들의 주검을 보았다. 어쩔 수 없는 현상이지만 안타까웠다. 모든 펭귄이 살아서 바다에 나가지는 못할 것이다. 그래도 가능하다면 많은 새끼들이 살아남아 바다로 나가기를, 펭귄들의 주검 사이에서 기도한다.

하늘을 나는 펭귄의 비밀

등도 검고
배도 하얗지만
펭귄은 아닙니다

"저기 봐, 펭귄이 날아왔어!"

몇몇 사람들이 세종기지 앞 부두에서 소리쳤다. 카메라를 들고 연신 사진도 찍는다. 한두 번 겪었던 일이 아닌지라 그저 슬쩍 미소를 지으며 가만히 지켜보고 있었다. 잠시 후 사람들이 자연스레 나를 쳐다봤다. 무슨 펭귄이냐고 묻는다. 그동안 여러 차례 해 왔던 똑같은 대답을 했다.

"남극가마우지입니다. 펭귄과 닮았지만, 펭귄이 아니라 새입니다~"

사람들이 의아하다는 얼굴로 나와 남극가마우지를 번갈아 쳐다봤다. '이게 펭귄이 아니라고? 검은 등, 하얀 배, 뾰족한 부리, 물갈퀴가 있는 발. 당신 연구자 맞아?' 하는 얼굴이다.

"네, 죄송하지만 펭귄은 아니에요. 저도 날아다니는 펭귄 보고 싶습니다. 하하!"

웃으며 말하는 수밖에 없었다.

2008년 만우절, 영국 방송사 BBC는 '진화의 기적(Miracles of Evolution)'이란 제목으로 날아다니는 펭귄 영상을 올린 적이 있다. 아직까지도 회자되는 이 영상에서 아델리펭귄들은 얼음을 박차고 하늘을 날아 남극에서 열대우림까지 비행한다. 그 모습에 광활한 풍경이 더해지니 영상미가 대단했다. 만우절을 맞이해 CG로 제작한 영상이었지만, 다큐멘터리를 촬영한 것처럼 멋졌다.

 많은 사람들이 잘 모르지만, 펭귄은 매년 엄청난 거리를 이동하는 '철새'다. 비록 날지는 못해도 남극에서 번식을 마친 후 북쪽으로 수천 킬로미터를 헤엄쳐 이동한다. 번식지인 남극 바다는 겨울 동안 얼어붙기 때문에 남아 있어도 먹이를 구할 수 없다. 또한 기온이 너무 낮아 체온을 유지하기 어렵다. 물론 반대로 이 시기에 남극으로 들어가는 황제펭귄은 예외다. 황제펭귄을 제외한 남극 펭귄들은 날지 못하는 몸으로 바다를 헤엄쳐, 아니 바닷속을 날아 남극의 바깥쪽으로 이동한다. 하지만 BBC 영상처럼 남미 대륙을 지나 열대까지 이동하지는 않는다. 얼지 않은 바다를 찾아 남극의 바깥쪽으로 밀려났다가 이듬해 얼음이 녹기 시작하면 다시 번식지로 돌아오는 것이다.

 세종기지에는 물속을 나는 새인 펭귄과 똑 닮은, 하늘을 날 수 있는 새가 있다. 바로 남극가마우지다. 한국에서 볼 수 있는 가마우지와 제일 큰 차이점은 배가 하얗다는 것이다. 새하얀 배, 검은 등을 가지고 있어 얼핏 보면 펭귄과 꼭 닮았다. 게다가 유연한 몸매에 발바닥에는 물갈퀴도 가지고 있다. 아무래도 비행 조류이기 때문에 펭귄보다 날개가 크고 몸이 더 날렵하다. 날개를 접고 앉으면 펭귄과 정말 닮아 보인다. 세종기지 주변에서도 이 새는 비교적 흔하게 관찰되는데, 해안가 바위에 앉아 있는 경우가 많다. 또한 먹이를 잡을 때는 바다에 들어가 잠수도 하고 오리처럼 수면에 떠 있기도 한다. 처음 남극을 방문해 펭귄에 익숙하지 않은 사람들은 충분히 펭귄으로 오인할 만하다.

가마우지 하면 떠오르는 가장 일반적인 광경은 바위 위에서 날개를 말리고 있는 모습이다. 물속에 들어가 먹이를 먹고 난 가마우지는 날개가 젖기 때문에 햇빛과 바람에 날개를 말려야 한다. 이 때문에 가마우지가 다른 물새들에 비해 기름샘이 덜 발달했다는 이야기가 있지만, 그건 아니다. 가마우지도 다른 물새와 유사한 크기의 기름샘을 가지고 있고, 몸 깃털의 대부분은 방수가 된다. 방수가 되지 않는 부분은 날개가 유일하다. 이는 가마우지의 진화 선택이다. 날개 깃털이 방수되면 물에 젖지 않고 공기층을 그대로 유지할 수 있어 추위에 강해진다. 그러나 가마우지는 잠수해서 물고기를 잡아먹는 새이다. 잠수 능력이 좋을수록 많은 물고기를 잡을 수 있기 때문에 더 깊이 잠수하기 위해 부력을 줄여야 한다. 이 때문에 가마우지는 부력을 감소시켜 더 깊이 잠수할 수 있도록 날개를 물에 젖게 놔둔 것이다. 하나를 얻으면 하나를 잃는 법이다.

펭귄은 그런 점에서 가마우지보다 더 극단적인 선택을 했다. 더 깊은 잠수를 위해 날기를 포기한 것이다. 날개는 작고 단단해졌으며, 깃털도 거의 남아 있지 않다. 겨우 색깔만 보이는 짧은 길이의 깃털만 남은 정도다. 이렇게 잠수 능력을 극대화시킨 펭귄은 몸의 크기를 불리고 지방을 축적했다. 차가운 바닷속에서 체온을 유지하고, 더 깊은 잠수를 하기 위해서다. 비록 육상에서는 뒤뚱거리는 펭귄이지만 물속에서는 누구보다 빠르고 깊게 이동할 수 있게 된 것이다.

이런 진화의 바탕에는 남극이라는 위치의 특성도 작용했을 것이다. 남극에는 도둑갈매기를 제외한 육상 포식자가 존재하지 않는다. 그렇기 때문에 펭귄은 비행하는 능력을 포기할 수 있었던 것이다. 육상에서 뒤뚱거리긴 하지만 포식자가 없어 위험이 적으며, 높은 곳에 둥지를 틀지 않아도 공격받지 않는다. 비행할 수 있는 날개가 없더라도 생존에 지장이 없는 것이다. 그런데 만약 펭귄의 번식지에 늑대, 개, 북극곰 같은 육상 포식자가 들어간다면 어떤 일이 벌어질까. 펭귄은 얼마 되지 않아 멸종할지도 모른다. 펭귄에게는 육상의 포식자에 대응할 수 있는 수단이 딱히 없기 때문이다. 그러니 부디, 장난

세종기지에는 물속을 나는 새인 펭귄과 똑 닮은,
하늘을 날 수 있는 새가 있다.
바로 남극가마우지다.

으로라도 "북극곰을 남극에 데려다 놓으면 어떨까?"라는 말은 하지 말자.

 마치 펭귄인 양 사람들의 관심을 끌다가 유유히 날아가는 남극가마우지에게도 잘 날지 못하는 시기가 있다. 바로 번식기가 끝나고 털갈이를 하는 시기다. 털갈이 시기에는 한꺼번에 많은 깃털이 빠져 평소보다 잘 날지 못하는 상태가 된다. 그래서 이 시기에는 해안 절벽 지역에 모여 털갈이가 끝나기를 기다린다. 만약 이 새를 잡고 싶다면 이때가 기회다.

 남극가마우지는 워낙 예민하고, 사람이 접근하기 어려운 절벽에서 털갈이를 하기 때문에 잘 날지 못하는 시기라도 이 새를 잡는 것은 쉬운 일이 아니었다. 유전자 연구를 위한 혈액 시료를 채집하고 싶었지만, 절벽에서 쉬고 있는 남극가마우지를 발견해도 그림의 떡인 양 거의 포기한 상태였다. 그런데 몇 년 전에 이 새의 혈액 시료 채집에 성공한 적이 있다. 어느 날 같이 연구하는 후배 영덕이가 이 새를 다섯 마리나 잡아서 혈액을 채취하고 놓아 줬다는 것이다. 알고 보니 운 좋게도 잡기 쉬운 장소에서 털갈이 중인 남극가마우지 무리를 만났던 모양이다. 이때 채취한 샘플이 우리가 가지고 있는 이 새의 유일한 연구 시료일 것이다. 아마 앞으로도 하늘을 훨훨 날아다니는 펭귄, 남극가마우지를 잡는 일은 쉽지 않을 것이다.

도둑갈매기는
그 사람을 기억하고 있다

혹시 전생에
도둑갈매기와…
원수?

인익스프레시블 섬 두 번째 캠프에 도착했을 때다. 월동대 주방장과 기계 설비 대원이 우리를 돕기 위해 캠프에 동행했다. 두 월동 대원은 텐트를 설치하는 동안 한 시간쯤 시간이 남아 펭귄 번식지에 다녀오겠다고 했다. 둘 다 두 번째 월동이지만, 이 섬에는 처음 온 참이었다. 이날따라 펭귄 배설물 냄새가 심하게 나서 살짝 걱정이 되었다.

펭귄 서식지에 처음 다녀온 사람들은 대략 두 가지 부류로 나뉘는데, 펭귄을 처음 봐서 기분이 좋았다는 사람들과 펭귄 냄새 때문에 다신 안 갈 거라는 사람들이다. 사실 조류의 대규모 번식지는 배설물 때문에 냄새가 심하다. 특히 펭귄 번식지는 수천, 수만 마리의 펭귄 배설물이 점점 쌓이다가 날이 좋으면 흐르기 때문에 냄새뿐만 아니라 심하게 더러운 경우가 많다.

약 한 시간 후 캠프지로 복귀한 두 사람은 다행히 기분이 나빠 보이진 않았다. 그런데 주방장님만 유독 새똥을 뒤집어쓰고 있었다. 펭귄 번식지로 들어가는 길 인근에 남극도둑갈매기 둥지가 있는데, 그곳을 지나갈 때 배설물을 맞았다는 것이다. 총 6, 7번을 맞았다는 이야기에 살짝 놀랐다. 지금까지 한 사람이 짧은 시간 안에 그렇게 많은 배설물을 맞은 것을 본적이 없기 때문이다.

2016년 세종기지에서 도둑갈매기 둥지 조사를 주로 수행한 적이 있다. 도둑갈매기들은 둥지에 접근하면 위협적인 소리를 내다가 날아올라 공격할 때가 있는데, 뒤통수를 때리기도 하고 머리에 쓴 모자를 물고 도망가기도 한다. 간혹 일부 개체들은 날면서 사람 머리 위에 배설물을 뿌리기도 하지만 대부분은 바람에 날려 맞지 않는 경우가 많다. 배설물보다는 도둑갈매기의 공격이 두려워 헬멧을 착용하기도 하고, 가방에 머리보다 높은 봉을 매달아 도둑갈매기의 공격을 회피하기도 한다.

언젠가 한국의 서해안 괭이갈매기 번식지에 방문한 적이 있다. 같이 갔던 박사님이 처음 섬에 들어갈 때 우산을 들고 가서 의아하게 생각했는데, 금방 그 이유를 알 수 있었다. 모든 괭이갈매기들이 날면서 침입자를 향해 공중에서 배설물 공격을 퍼부었기 때문이다. 우산을 들고 있으면 비가 오는 것처럼 후두둑 후두둑 소리가 들릴 정도였다. 새, 특히 바닷새의 배설물은 기름기가 많고 냄새가 심한데다가 빨아도 냄새가 쉽게 없어지지 않기 때문에 배설물을 많이 맞았다가는 아예 옷을 버려야 할지도 모른다.

괭이갈매기는 집단 번식하는 종이라 그럴 수도 있다지만, 남극도둑갈매기는 둥지가 모여 있지 않을뿐더러 주방장님이 이동한 곳에는 단 하나의 도둑갈매기 둥지만 있었다. 단 한 마리의 도둑갈매기에게 그렇게 여러 번 똥을 맞기는 쉬운 일이 아니다. 나도 도둑갈매기 조사를 하다가 배설물에 한두 번 맞아 본 적은 있지만, 한순간에 여러 번을 맞은 적은 없다. 주방장님이 배설물 공격을 집중적으로 맞은 일은 그래서 더 신기한 일이었다.

또 비슷한 일이 있다. 케이프할렛 1차 캠프 때의 일이다. 해빙 위에 텐트를 설치했는데 캠프 시작 며칠 후에 보니 유독 임완호 감독님 텐트에만 도둑갈매기 배설물이 많이 묻어 있었다. 도둑갈매기 둥지가 가까운 것도 아니고 지나가던 도둑갈매기가 싼 모양인데, 멀쩡한 텐트들 사이에 유독 그 텐트만 여러 개의 배설물 공격을 받았다. 임 감독님의 텐트가 캠프 한가운데에 있어 지나가던 도둑갈매기가 공격용 배설을 했을 때 공격받기 쉬운 위치일 수도 있긴 하지만 그건 어디까지나 가정이고, 한 텐트에만 배설물이 여러 개가 쌓인다는 것은 신기한 일이 아닐 수 없었다.

  2016년, 우리 팀은 남극세종기지의 도둑갈매기가 사람의 얼굴을 인식할 수 있다는 연구 결과를 발표했다. 도둑갈매기가 둥지에 자주 방문한 사람을 기억해 두었다가, 여러 사람과 함께 접근할 때 얼굴을 기억한 사람을 주로 공격한다는 연구 결과였다. 그 기억을 되살려, 도둑갈매기의 배설물 공격을 받은 주방장님께 이런 얘기를 건넸다.
  "혹시 전생에 도둑갈매기랑 원수진 거 아니에요?"

망가진

사용대 가치 얻어도 들을 수 있는 말장난

지구

해외에서 이야기가, '진짜 나'를 찾기 위한 휴식 여행

자, 감정적인 사람입니다

교보문고 감동 중 수시 117,000원

"이렇게 많이 다시 만나는
감정 휴식의 안정들"

누구나 최고의 곳에 진정하지의
업무적인 감정의 시간 업과 한다.

우리는 왜 타인의
육아감정을 궁금해하는가

인문학의 이정표 수시 117,000원

"타인의 감정과 나의 이해하는
감정의 모든 인문학 수업가."

개인의 감정과 사회의 대해하는
영광 사회의 영향

내 삶에 예술을 들일 때,
나에

문학의 새로운 수시 116,000원

"예술이 소비에서 자기세계
담기는 나에게의 경험 수업"

나에게 예술작품을 통해 영감 얻기
들어라면서 우리의 인생을 바라보 위한
태도에 관한 나에게 기록들은 전달한다.

지금, 시가참의 지도로 갖고 있어 한 곳에 사용적인 교수인들의 영상인을 만나보세요!

고민유쳐 꿈꾸는 당신을 위한 인생학 추천도서

모두가 느꼈하지만 말하고 싶은 그 무언가.
양동일 다산북스 교보문고 특별판 지혜는 시대를 관통합니다.

당기 먹춤기 연습

이동용 이정우 지음 | 19,900원

"오늘 잠깐 멈춰야 진짜로 살아갈 수 있습니다."

누구나 한 번쯤 주저앉고, 이유없이 공허함 같은 감정을 이해할 수 있을 때 나는 다시 일어날 수 있다.

지혜 해방론

유안진 지혜연구소장 | 19,900원

"지혜는 예술과 지도가 가능한 경험이다?"

지혜의 본질 정의부터 조기 신호, 예방까지 지원한 지식 기반으로 알려주는 지혜 활용, 예방법 등 꿀팁 안내서.

마음 당당히 앞으로 노트

이다연박사 교보문고 특별판 19,900원

"분명해지지 않아도 괜찮습니다."

나는 어떤 사람을 만나 살고 있다, 이 질문에 확신과 답을 찾기까지 이어진 방법, 당당하게 함께 걷는 당신을 위한 지침.

차동이야

더 길게, 더 새롭게, 더 유익하게!
내 인생의 첫 교양 책씨 둥기는
차동이야 시리즈를 만나보세요.

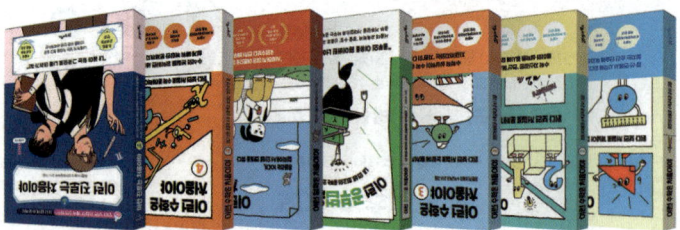

수학 사용대답고 수학공부하고 싶어지

01 『이럴 진짜로 차동이야』
읽다 보면 차절로 개념이 잡히는 동그란 이야기

02 『이럴 수상은 차동이야 2』
읽다 보면 저절로 만기가 풀리는 '수'의 원리

03 『이럴 수상은 차동이야 3』
읽다 보면 저절로 풀자지는 '공간'과 '도형' 이야기

09 『이럴 수상은 차동이야 4』
읽다 보면 차절로 수학 원리들이 좋아지는 '방정식'의 원리

음악미술 사용대답고 교양쌓고싶어 진동용

04 『이럴 음악은 차동이야』
내 인생 최고의 음부로 승화되는 시간여행

미술 사용대답고 음악하고 싶어진다

05 『이럴 음악은 차동이야』
들리지는 10살, 음악에서 인생의 의미를 찾다

진로 사용대답고 진로용망하고 있겠

07 『이럴 진로는 차동이야』
읽다 보면 차절로 개석 상상하는 자기 계발 프로젝트

*차동이야 시리즈는 계속 출간됩니다.

서가명강 BEST 3

서가명강에서 오랜 시간 사랑받고 있는
대표 도서 세 권을 소개합니다.

나는 매주 시체를 보러 간다

의과대학 법의학교실 유성호 교수 | 18,000원

"서울대학교 최고의 '죽음' 강의"

법의학자의 시선을 통해 바라보는 '죽음'의 다양한 사례와 경험들을 소개하며, 모호하고 두렵기만 했던 죽음에 대한 새로운 인식을 제시한다.

사는 게 고통일 때, 쇼펜하우어

철학과 박찬국 교수 | 17,000원

**"욕망과 권태 사이에서
당신을 구할 철학 수업"**

세상일이 뜻대로 되지 않아 지친 현대인들에게 위로가 되어줄 쇼펜하우어의 소중한 통찰

세상을 읽는 새로운 언어, 빅데이터

산업공학과 조성준 교수 | 17,000원

"미래를 혁신하는 빅데이터의 모든 것"

모두에게 영향력을 끼치는 '데이터'의 힘
일상의 모든 것이 데이터가 되는 세상에서
우리는 빅데이터를 어떻게 바라봐야 할까?

서가명강

서울대 가지 않아도 들을 수 있는  명강의

- 01 나는 매주 시체를 보러 간다
- 02 크로스 사이언스
- 03 이토록 아름다운 수학이라면
- 04 다시 태어난다면, 한국에서 살겠습니까
- 05 왜 칸트인가
- 06 세상을 읽는 새로운 언어, 빅데이터
- 07 어둠을 뚫고 시가 내게로 왔다
- 08 한국 정치의 결정적 순간들
- 09 우리는 모두 별에서 왔다
- 10 우리에게는 헌법이 있다
- 11 위기의 지구, 물러설 곳 없는 인간
- 12 삼국시대, 진실과 반전의 역사
- 13 불온한 것들의 미학
- 14 메이지유신을 설계한 최후의 사무라이들
- 15 이토록 매혹적인 고전이라면
- 16 1780년, 열하로 간 정조의 사신들
- 17 건축, 모두의 미래를 짓다
- 18 사는 게 고통일 때, 쇼펜하우어
- 19 음악이 멈춘 순간 진짜 음악이 시작된다
- 20 그들은 로마를 만들었고, 로마는 역사가 되었다
- 21 뇌를 읽다, 마음을 읽다
- 22 AI는 차별을 인간에게서 배운다
- 23 기업은 누구의 것인가
- 24 참을 수 없이 불안할 때, 에리히 프롬
- 25 기억하는 뇌, 망각하는 뇌
- 26 지속 불가능 대한민국
- 27 SF, 시대 정신이 되다
- 28 우리는 왜 타인의 욕망을 욕망하는가
- 29 마지막 생존 코드, 디지털 트랜스포메이션
- 30 저, 감정적인 사람입니다
- 31 우리는 여전히 공룡시대에 산다
- 32 내 삶에 예술을 들일 때, 니체
- 33 동물이 만드는 지구 절반의 세계
- 34 6번째 대멸종 시그널, 식량 전쟁
- 35 매우 작은 세계에서 발견한 뜻밖의 생물학
- 36 지배의 법칙
- 37 우리는 지구에 홀로 존재하지 않는다
- 38 왜 늙을까, 왜 병들까, 왜 죽을까
- 39 인간의 시대에 오신 것을 애도합니다
- 40 수학이 내 인생에 말을 걸었다
- 41 벼랑 끝 민주주의를 경험한 나라
- 42 천문학이라는 위로

* 서가명강 시리즈는 계속 출간됩니다.

자연·과학

자연과 뇌과학, 그리고 의학까지
그 아름다운 경계와 사유

크로스 사이언스
생명과학부 홍성욱 교수 | 19,000원

**"프랑켄슈타인에서 AI까지,
과학과 대중문화의 매혹적 만남"**

일상 속에서 발견하는 과학과 인문학의 교차
복잡한 이론과 공식이 아닌, 문화 속에서 발견한
흥미진진한 과학의 향연

뇌를 읽다, 마음을 읽다
정신건강의학과 권준수 교수 | 17,000원

**"뇌과학과 정신의학으로 치유하는
고장 난 마음의 문제들"**

개인과 사회를 무너뜨리는 정신질환을
규명하고 치유하는 '의학'부터 '뇌과학'까지,
인간의 마음과 뇌에 관한 통찰을 모두 담다

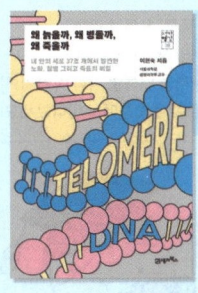

왜 늙을까, 왜 병들까,
왜 죽을까
생명과학부 이현숙 교수 | 18,800원

**"내 안의 세포 37조 개에서 발견한
노화, 질병 그리고 죽음의 비밀"**

누구나 극복하고 싶은 노화와 암부터
생체 시계의 비밀이 담긴
텔로미어 혁명에 이르기까지

더 다양한 서가명강 시리즈는 QR코드를 통해 확인하실 수 있습니다.

서울대 가지 않아도 들을 수 있는 명강의, [서가명강]은
대한민국 최고 명문대학인 서울대학교 교수님들의 강의를 엮은
도서 브랜드로, 다양한 분야의 기초 학문과 젊고 혁신적인 주제의
인문학 콘텐츠를 담아 시리즈로 발간하고 있습니다.

· 서가명강 프로세스 ·

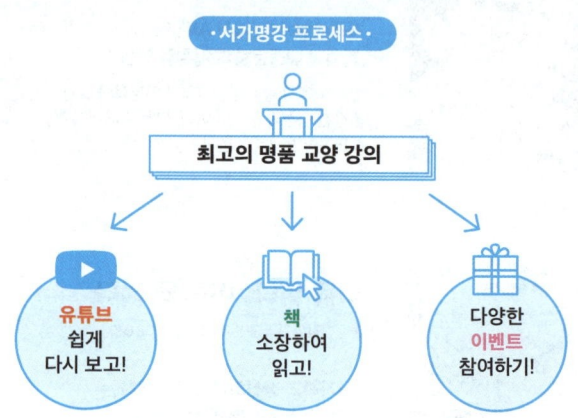

유튜브에 어떤 영상들이 있을까요?

1. 출간 전, 작가를 가장 먼저 만날 수 있는 방법!
→ 출간 전 라이브 강연

2. 책의 핵심을 한 시간 안에 담았다고?
→ 출간 기념 라이브

3. 그 외 다양한 인사이트
- 서울대 교수님들의 입시 Q&A
- 저자 인터뷰와 낭독 영상까지

> 도서는 물론, 유튜브 강연,
> 그리고 다양한 이벤트까지 ―
> 내 삶에 교양과 품격을 더해줄 지식 아카이브!
> [서가명강]을 다양한 플랫폼에서 만나보세요!

유튜브

시리즈 소개서

눈과 얼음으로 둘러싸인 사막

물을 찾아
헤매는
동물들

남극은 사막이다. 공기 속의 수분마저 얼어붙고, 비는 내리지 않으며, 간혹 내리는 눈마저 바람에 실려 날아가거나, 쌓이면 얼음이 된다. 이곳에서 동물들이 마실 수 있는 물을 찾기란 쉬운 일이 아니다. 아남극권에 위치한 세종기지는 매년 여름이 되면 짧은 시간이나마 눈이 녹아 시냇물이 흐르고 저지대에는 담수 호수가 생긴다. 펭귄을 비롯한 동물들은 이렇게 생겨난 냇물이나 웅덩이에서 물을 마시고 목욕을 한다. 세종기지 바로 앞에는 세종호라 불리는 담수호가 있는데, 겨우내 얼어 있던 호수는 여름에 녹아 물이 고이게 된다. 이곳에는 여름 내내 도둑갈매기와 펭귄들이 찾아와 물을 마시고 목욕을 한다. 도둑갈매기가 항상 이곳에서 목욕을 한다고 하여 편하게 '도둑갈매기 목욕탕'이라고 부르기도 한다.

사람도 마찬가지다. 세종기지 바로 뒤에는 인공으로 만든 호수가 있는데, 여름에는 이곳의 물이 녹는다. 이 같은 담수호의 물을 정화해 식수나 생활용수로 사용할 수가 있어 바닷물을 활용한 담수화기의 사용 빈도를 낮출 수 있다. 겨울 동안 담수호가 얼어 버리면 바닷물을 끌어와 담수화기를 활용해 민물을 만들어 먹지만 그 기간은 짧다. 담수를 활용할 수 있다면 불필요한 연료의 소모를 줄일 수 있다. 남극에서 사용하는 전기는 모두 기름을 이용해 발전해야 하는데, 담수화기는 많은 전기를 필요로 하기 때문이다.

장보고기지는 남극 대륙에 위치해 있다. 이렇다 할 담수호도 없고, 여름에도 대부분 영하의 기온이 유지되기 때문에 담수를 얻기가 어렵다. 어쩔 수 없이 일 년 내내 바닷물을 담수화해 먹을 수밖에 없다. 그렇다면 이곳에 살고 있는 동물들은 마실 물을 어떻게 구할까? 다행히도 일부 지역의 담수호는 짧은 시기지만 여름 동안 녹는다. 이런 곳에는 도둑갈매기들이 모여들어 물을 먹는 모습을 쉽게 관찰할 수 있다. 그렇지만 하늘을 날 수 없는 펭귄, 물범 등은 이런 담수호를 찾아다니기 어려워 대부분 눈을 먹는다. 펭귄과 물범이 바다에서 구한 먹이를 먹다 보면 필연적으로 바닷물을 먹을 수밖에 없고, 아무리 해양 동물이라도 바닷물을 많이 마시면 탈수증세로 죽을 수도 있다. 다행히 펭귄과 같은 해양 조류는 바닷물을 배출하는 기관을 가지고 있어 먹이를 먹고 올라오면 바닷물이 입으로 조금씩 배출된다. 바닥에 누워 자고 있는 펭귄들의 입에 물방울이 맺혀 있거나, 부리를 털 때 물방울이 흩어지는 광경을 흔하게 볼 수 있는 이유다. 이런 기능이 있다고 해도 그 과정에 많은 물이 필요하다. 바닷물을 마실 수 없는 동물들은 결국 눈을 먹을 수밖에 없다.

해빙 위에 위치한 황제펭귄 번식지 주변은 얼음과 눈밖에 없다. 그래서 황제펭귄들의 경우 눈을 먹는 모습을 쉽게 볼 수 있다. 황제펭귄은 해빙의 한곳에 모여 추운 겨울을 보낸다. 기온이 낮을수록 황제펭귄들은 서로 더 밀집해 체온을 나누는데, 이를 '허들링(Huddling)'이라고 부른다. 날지 못하고 한곳에서 오래 머물다 보면 문제가 생긴다. 바로 자신들의 배설물이 번식지 바닥에 쌓이는 것이다. 여섯 달이 넘도록 한곳에 모여 있다 보니 번식지 중심부는 육안으로도 확인 가능할 정도로 검게 변한다. 하늘에서 황제펭귄의 번식지를 보면 검은 얼룩이 넓게 퍼져 있어 어디가 번식지의 중심부인지 쉽게 확인할 수 있을 정도다. 최근에는 이러한 배설물의 위치를 위성으로 확인해 새로운 황제펭귄의 번식지를 발견하기도 하고, 그 크기로 매년 황제펭귄 번식지의 규모를 유추하기도 한다.

하지만 이렇게 배설물에 오염된 눈은 먹기가 힘들다. 남극에 여름이 도래해 기온이 올라가는 11월이 되면 황제펭귄들은 번식지의 중심부에서 점차 밖으로 퍼져 나간다. 먹을 수 있는 눈을 찾고자 하기 때문이다. 오염된 배설물이 없는 지역으로 조금씩 이동하다 보니 번식지의 중심부에는 펭귄이 거의 남아 있지 않게 되고, 가장자리로 점차 번식지가 넓어진다. 우리 팀은 몇 년 전부터 황제펭귄의 새끼 수를 세고 있는데 이런 문제 때문에 가능한 한 번식지에 일찍 방문하려고 노력하고 있다. 시기가 늦어지면 수 킬로미터까지 멀어진 무리를 찾아다녀야 해서 조사가 어려워지기 때문이다.

아델리펭귄도 마찬가지다. 아델리펭귄의 번식지는 눈이 쌓이지 않은 땅 위에 있어, 펭귄들은 물을 구하러 눈이 쌓여 있는 곳까지 일부러 가서 먹는다. 해마다 많은 눈이 쌓이기도 하고 적게 쌓이기도 하는데, 눈이 적게 쌓인 해에는 눈을 찾아 먼 곳까지 가야 하는 경우가 많다. 번식지의 눈은 배설물로 오염되는 경우가 많기 때문이다. 번식기 초반에는 그나마 많은 눈이 남아 있어도, 후반에는 얼마 남지 않거나 오염된 눈만 남는 경우가 많다. 이럴 때는 어쩔 수 없이 더러워진 눈을 먹기도 한다. 심지어 배설물이 모이는 웅덩이의 더러운 물을 먹는 모습도 본 적이 있다.

하늘을 날 수 있는 도둑갈매기는 그나마 낫다. 12월이 넘어가면 일부 담수호들은 가장자리부터 녹기 시작한다. 도둑갈매기들은 이런 담수호의 위치를 알고 있어 얼음이 녹기 전부터 모여들어 얼음이 녹을 때까지 기다린다. 그러다 가장자리 일부가 녹기 시작하면 자리 쟁탈전이 벌어진다. 이런 담수호에서는 물을 먹고 목욕할 수 있는 좋은 자리를 차지하려 싸우는 도둑갈매기의 모습을 하루에도 여러 번 볼 수 있다. 일부 개체들은 녹지 않은 얼음을 부리로 쪼거나 발로 긁기도 하는데, 마치 호수에 일부러 구멍을 내는 것처럼 보이기도 한다. 호수가 많이 녹으면 점점 더 많은 도둑갈매기들이 모여 목욕을 하고 주변에서 휴식을 취한다. 간혹 작은 호수에 100마리가 넘는 도둑갈매기가 모여드는 경우도 흔하다. 주변을 둘러보면 하얀 얼음과 눈이 가득한 곳 한복판에서 동물들이 먹을 물을 구하러 다니는 모습이 신기하기도 하지만, 그 동물들에게는 생과 사가 걸린 문제인 것이다.

펭귄들이 먹이를 구하러 가는 해빙 위를 따라 걸어가 보았다. 수많은 펭귄이 오가는 중에 수시로 멈춰서 눈을 먹고 다시 발길을 재촉했다. 어떤 녀석들은 한자리에서 구멍이 뚫리도록 눈을 퍼먹기도 했다. 여름철 목이 마를 때 벌컥벌컥 물을 들이켜는 것처럼, 목이 마른 펭귄들은 푹신한 눈을 발견하면 퍽퍽 소리가 나도록 부리를 눈에 박고 있었다. 눈이 많이 쌓이지 않은 곳에서는 떠내려온 빙하 위에 올라가 부리로 깨서 먹기도 했다. 그러나 해빙을 먹는 펭귄은 보지 못했다. 오랜 경험으로 해빙에는 소금기가 있다는 것을 알고 있을 것이다.

물을 구하기 어려운 것은 사람도 마찬가지다. 처음 캠프지에 갔을 때는 주변의 눈을 퍼다 가스 불에 녹여 먹었다. 아무리 산에서 내려온 눈이지만, 바닷바람에 날려 온 소금기가 섞여 있어 느끼한 맛이 났다. 그 물을 계속 먹을 수는 없었다. 처음 캠프를 같이 나갔던 헬기 조종사들이 빙하 지대에서 빙하를 캐와 녹여 먹어 보았는데, 적은 부피로 더 많은 물이 나오고 물맛도 눈과는 비교할 수 없이 좋았다. 불순물은 필터와 정수기로 걸러 먹었다.

생물이 살기 위해서는 많은 물이 필요하다. 사람에게는 그나마 헬리콥터라는 좋은 이동 수단이 있어 비교적 손쉽게 깨끗한 물을 얻을 수 있었지만, 남극에 살고 있는 동물들에게는 바닥에 쌓인 눈밖에는 선택의 여지가 없다. 아이러니하게도 얼음과 눈의 대륙인 남극에 사는 동물들은 살기 위해 물을 구하러 다닌다.

여름철 목이 마를 때 벌컥벌컥 물을 들이켜는 것처럼,
목이 마른 펭귄들은 푹신한 눈을 발견하면
퍽퍽 소리가 나도록 부리를 눈에 박고 있었다.

'그' 도둑갈매기들은
사람을 경계하지 않았다

사람이
낯선
그 새들

사는 곳이 달라지면 성격도 차이가 나는 것일까?

　세종기지에서 봤던 도둑갈매기들은 매우 사나웠다. 번식을 위해 둥지를 만들고 알을 낳은 도둑갈매기들은 근처 50m 정도만 다가가도 멀리서부터 알아채고 하늘을 날아 달려들어 머리를 때리고 가거나 울며 위협했다. 그러나 케이프할렛의 도둑갈매기들은 근처로 다가가도 크게 경계 반응을 보이지 않는다. 물론 둥지에 아주 가까이 다가갈 땐 둥지에 있는 녀석이 크게 울어 짝을 불렀고 돌아온 짝이 우리를 위협하기도 했지만, 그 양상이 세종기지의 녀석들과는 많이 달랐다. 세종기지에 사는 녀석들은 둥지가 없는 곳에서도 사람이 다가오면 위협적인 행동을 하거나 크게 소리를 내질렀는데, 여기 있는 녀석들은 둥지가 없으면 가까이 다가가도 울거나 공격하지 않는다. 다만 슬글슬금 자리를 피하거나 가만히 쳐다보고 있을 뿐이다.

케이프할렛의 번식 둥지에 가만히 다가가 보았다. 어미 중 한 마리가 날아와 내 앞을 막아섰다. 천천히 다가가자 조금씩 앞서가며 둥지 바깥쪽으로 나를 유인한다. 마치 물떼새가 둥지 근처에서 포식자를 만났을 때 보이는 '의상 행동(Broken Wing Display)'과 닮아 있다. 물떼새들은 둥지에 포식자가 접근하면 다가가 마치 날개가 부러진 듯한 행동을 보이며 둥지에서 먼 방향으로 포식자를 유인한다. 포식자는 다친 것처럼 보이는 어미 새를 쫓아가 잡으려고 하지만, 어느 순간 어미 새는 도망가 버린다. 그 사이 둥지는 포식자로부터 안전해지는 것이다. 이곳 도둑갈매기에게서 이런 행동은 보고된 바 없지만, 사람을 얼마나 가까이 접해 봤는지에 따라 달라지는 것 같다. 세종기지 주변에는 많은 기지가 수십 년 동안 운영되어 왔다. 따라서 그곳의 도둑갈매기들은 사람에 의해 많은 교란을 받았을 것이다. 아마도 사람을 잠재적 포식자 정도로 인식하는 것이 아닌가 싶다.

그러나 이곳 케이프할렛에 있는 도둑갈매기들은 사람을 거의 보지 못한 녀석들이다. 그 때문에 사람을 아직 포식자로 인식하지 않았거나, 같은 종 이외의 포식자에 대한 반응이 세종기지의 도둑갈매기와는 다르게 발달한 모양이다. 그래서인지 세종기지와 이곳에서 도둑갈매기를 만날 때는 다른 느낌을 받는다. 세종기지에서 도둑갈매기의 둥지에 가까이 갈 때는 언제 어디서 공격을 당할지 몰라 조심하게 되는데, 이곳에서는 그럴 필요가 거의 없다. 가까이 접근하는 개체도 절대 머리를 때리거나 공격하는 일은 없었기 때문이다. 하지만, 이러한 행동도 사람들이 점차 늘어나고 방해 빈도가 높아지면 언젠가는 공격적인 반응으로 바뀌지 않을까.

인간을 경계하는 생존 본능이 강한 것이 좋은 일인지, 인간의 손이 닿지 않아 포식자로 인식조차 못 하는 환경이 더 좋은 일인지 판단하기 어려웠다.

어린 물범을 만나다

도대체
어떻게
들어간 거야?

2012년 11월 말, 세종기지에 많은 눈이 내렸다. 두 번째 세종기지 방문이고 이후 세 번을 더 방문했지만, 이때만큼 많은 눈이 쌓인 적은 없었다. 건물 사이로 내 키보다 높은 눈이 쌓였고 창고 건물 뒤편에는 눈의 터널이 만들어졌다. 밥을 먹으러 가는 길에도, 샤워장에 가는 길에도 땅을 밟을 일이 없었다. 그야말로 눈 속의 세종기지다.

그런데 기지에 도착한 이튿날 저녁, 정비동으로 넘어가는 길에 낯선 물체가 길을 막고 있었다. 크기는 1.5m 남짓에 둥그런 몸매, 목과 몸통을 구분하기 어려운 살찐 체형… 다름 아닌 남방코끼리물범이었다.

남방코끼리물범은 세종기지 주변에서 흔하게 관찰되는 물범이다. 세종기지 주변에서는 웨델물범, 표범물범, 게잡이물범, 남극물개, 남방코끼리물범 등 다섯 종의 물범류를 볼 수 있다. 각 종마다 관찰되는 위치가 서로 다르다.

웨델물범은 눈이 쌓인 장소를 좋아한다. 세종기지는 남극의 여름인 12월이 되면 기온이 올라가고 눈이 녹는다. 이후 겨울이 올 때까지 눈이 남아 있는 곳은 한정적이다. 웨델물범은 이렇게 눈이 남아 있는 장소에 가면 만날 수 있다.

표범물범과 게잡이물범은 유빙을 좋아한다. 바다에 둥둥 떠다니는 유빙 위에 누워 자고 있는 표범물범과 게잡이물범을 흔하게 볼 수 있다. 표범물범은 남극에서 가장 위험한 동물이기 때문에 바닷속을 연구하는 잠수 팀은 잠수 전에 유빙들을 유심히 살펴 표범물범이 어디에 있는지를 확인하는 일이 필수다.

남극물개는 보통 이동 시기인 1월 중순 이후부터 세종기지 주변의 해안가에서 관찰된다. 무리를 이루어 이동하기 때문에 여러 마리가 동시에 관찰되는 경우가 많다. 해안가의 땅바닥에서 자는 모습은 간혹 바위로 오인을 받기도 한다. 그래서 이 시기에 해안가 주변을 이동할 때는 앞을 잘 보고 다녀야 한다. 앞발이 큰 남극물개는 몸통으로 이동하는 다른 물범류에 비해 육상에서 상대적으로 빠르기 때문이다.

남방코끼리물범은 해안가의 고운 모래나 해초가 많은 곳을 좋아한다. 간조 때 고운 모래가 드러나는 곳 또는 해초들이 밀려와 쌓여 있는 곳에서 여러 마리가 무리 지어 쉬고 있는 모습을 흔하게 볼 수 있다. 남방코끼리물범은 몸이 워낙 커

착한 책권 사나운 책권 이상한 책권
남위 74도, 펭귄의 길을 따라가다

서 육상에서 높은 곳으로 올라오는 경우가 거의 없다. 물이 빠진 곳에서 쉬다가 만조 시기에는 물과 함께 사라지고, 간조 때면 다시 나타나곤 했다. 세종기지가 위치한 바톤 반도(Barton Peninsula)에는 남방코끼리물범의 번식지가 없지만, 인근 포터 반도(Potter Peninsula)에는 이 종의 번식 집단인 하렘(Harem)이 형성된다. 수컷 한 마리와 여러 마리의 암컷으로 구성되는 하렘에서 번식한 이후 암컷들과 새끼들은 세종기지 주변까지도 이동한다. 새끼들은 주로 암컷들의 무리에서 관찰된다. 간혹 홀로 해안가에서 자는 경우도 있지만, 대부분 근처에는 암컷 어미가 있을 가능성이 높다.

세종기지에 나타난 이 녀석은 태어난 지 아직 1년이 안 되어 보이는 녀석으로, 어미에게서 독립하기에는 일러 보였다. 그런데 해안가도 아닌 기지 내의 통로에서 떡하니 자리를 차지하고 있는 것이다. 관찰된 통로에서 바다까지는 직선거리로도 50m가 넘는데, 기지 건물을 둘러 왔으니 최소 200m 넘게 그 몸으로 기어서 온 것이다. 그것도 철제 통로까지 어떻게 들어갔는지 미스터리였다.

통로를 막고 있는 녀석의 사진을 찍고 잠시 지켜보았다. 미동도 없이 누워 있는 모습이 왠지 지쳐 보였다. 정비동에 들어가려면 건물을 돌아서 갈 수밖에 없었다. 많은 눈 때문에 푹푹

미동도 없이 누워 있는 모습이 왠지 지쳐 보였다.

빠지는 길을 돌아 정비동에 들어가니 신발과 바짓단이 다 젖어버렸다. 유지반에 들러 남방코끼리물범이 길을 막고 있다는 얘기를 월동대에 전달했다. 잠시 후 세종기지 내에 안내 방송이 나왔다.

"지금 숙소동에서 정비동으로 넘어가는 통로에 남방코끼리물범이 있으니, 이동하실 분들은 건물을 돌아서 가 주시기 바랍니다."

정비동으로 들어갈 때 저 통로를 이용하지 못한다면 건물을 한 바퀴 빙 돌아가야 한다. 그 거리가 꽤 멀긴 하지만 어쩔 수 없는 일이다. 남방코끼리물범 새끼를 들어서 옮길 수도 없는 일이기 때문이다.

다행히도 다음날 남방코끼리물범은 다른 장소로 이동했다. 하지만 기지 내를 벗어나진 않고 본관동 건물 아래에 한동안 머물러 있었다. 굶고 있는 물범이 걱정된 월동 대원들이 낚시로 잡은 물고기를 줘 보기도 했지만 먹지는 않았다고 한다. 얼른 바다로 나가 어미를 만나는 게 최선인데, 어떤 이유인지 녀석은 4일 넘게 기지에 머물렀다. 그리곤 어느 날 아침 갑자기 사라졌다. 이후 나는 보지 못했지만, 간혹 그 녀석으로 보이는 개체가 기지 주변 해안가에서 관찰된다는 이야기를 들었다. 아마도 근처에 어미가 있었던 모양이다. 다행이었다.

남극을 다니면서 생각지도 못한 장소에서 동물들을 만나는 경우가 많이 있었다. 가까운 곳에 펭귄 번식지가 없는 장보고 기지의 언덕 위에서 홀로 잠을 자던 아델리펭귄을 만나기도 하고, 한적한 자갈길에서 낮잠을 자던 남극물개를 인식하지 못하고 밟을 뻔하기도 했다. 동물들의 터전에 허락받지 않고 들어왔으니 사람이 더 조심해야 한다. 놀라기도 했지만 즐거운 경험이었다. 또 우연처럼 다른 곳에서 남극의 동물들을 만날 수 있길 기원했다.

펭귄은 멸종했다

그 펭귄이
그 펭귄이
아니에요

1577년 8월 20일, 영국 엘리자베스 1세의 명을 받은 배 골든 하인드(Golden Hind)호는 남아프리카 부근을 항해 중이었다. 새로운 땅을 찾아 나선 이 배에는 웰시(Welsh) 출신의 선원이 타고 있었다. 바다를 바라보던 이 선원이 한 마리의 새를 관찰했다. 북반구에서 흔하게 보이는 새와 비슷하게 생긴 이 새를 선원은 '펭귄(Pen Gwyn)'이라고 기록했다고 한다.

원래 펭귄은 북반구에 살던 큰바다쇠오리(Great Auk)를 지칭하는 말이었다. 큰바다쇠오리는 펭귄과 마찬가지로 날지 못하는 새다. 검은 등, 하얀 배, 물갈퀴까지 펭귄과 꼭 닮은 외양을 가졌지만 사실 펭귄과 유전적으로는 거리가 멀다. 다만 남반구에서 펭귄이 하늘을 나는 것을 포기하고 진화했듯이, 북반구에서는 큰바다쇠오리가 날지 못하게 진화한 것이다. 잠자리의 날개와 새의 날개가 전혀 다른 방식으로 진화했지만 결국 비슷한 기능을 하는 것처럼 펭귄과 큰바다쇠오리 또한 서로 다른 지역에서 비슷한 형태로 진화한 것이다.

펭귄(Penguin)의 어원은 두 가지로 알려져 있다. 영국 웰시 지방에서 'Pen Gwyn'은 '흰머리'를 뜻하는 단어다. 큰바다쇠오리는 머리에 흰색의 반점이 있는데, 이 때문에 일반적으로 이 새를 지칭하는 단어로 사용되었다[1]. 큰바다쇠오리가 살고 있던 섬의 이름인 흰머리(White Head) 섬은 당시 웰시 지방에서 펭귄(Pen Gwyn) 섬이라고 불렸다. 웰시 출신의 선원이 현재의 펭귄을 'Pen Gwyn'이라고 기록한 이유이다. 다른 설명도 있다. 스페인어로 'Penguigo'와 라틴어 'Pinguis'는 '뚱뚱한'이라는 뜻이다. 펭귄과 멸종한 큰바다쇠오리는 모두 지방이 많고 뚱뚱한 형태다. 이 단어로부터 북반구의 큰바다쇠오리의 이름과 학명이 붙여지고, 현재의 펭귄 이름이 유래한 것일지 모른다[2].

남반구에서 살아남은 펭귄과 달리 큰바다쇠오리는 19세기 중반에 북반구에서 멸종했다. 큰바다쇠오리의 번식지에 사람의 방문이 늘어나면서 밀렵이 증가했기 때문이다. 개체 수가 줄면서 1700년 후반에 뒤늦은 보호 조치를 실시했지만 개체

---

1. Fuller E. The Great Auk: The Extinction of the Original Penguin. Bunker Hill Publishing Inc. 2003. p17.
2. Ainley DG. The Adelie Penguin. Columbia University Press. 2002. p4.

수의 감소를 막을 수 없었고, 결국 1840년에 마지막 개체가 잡혀 죽음으로써 멸종하고 말았다. 현재 우리가 펭귄이라 부르는 새들은 결국 큰바다쇠오리의 이름을 물려받은 것이다. 북반구의 펭귄은 멸종했지만 남반구의 펭귄은 살아남았다.

도도(Dodo)새는 인도양 모리셔스(Mauritius) 섬에서 번성하던 날지 못하는 새였다. 바다를 이용한 무역이 증가하면서 무역로의 중간에 위치한 이 섬에 사람들이 왕래하게 되었다. 사람의 출입은 곧 포식자의 출입을 의미한다. 뿐만 아니라 고기를 얻기 위한 목적으로도 많은 도도새가 죽임을 당했고, 결국 도도새도 멸종되고 말았다.

펭귄들 또한 위험에 직면해 있다. 아프리카펭귄은 인간 활동 영역의 증가로 인한 서식지의 감소와 둥지를 지을 수 있는 단단한 땅이 줄어들어 개체 수가 감소하고, 뉴질랜드와 호주에서 사는 쇠푸른펭귄은 사람에 의한 방해 증가와 개, 고양이, 여우와 같은 포식자의 증가로 개체 수가 감소하고 있다.

이처럼 사람과 가까이 사는 펭귄들은 보호 조치가 없다면 언제 멸종될지 모를 일이다. 남극의 펭귄들은 상대적으로 사람의 접근이 어려워 개체 수를 유지하고 있지만, 지구온난화로 해빙이 줄어들면 이어지는 먹이원의 감소로 언제 개체 수가 급감할지 알 수 없다. 펭귄은 수명이 긴 것에 비해 번식에 성공하고 성장한 어린 펭귄이 이듬해 번식지로 돌아오는 회

귀율이 매우 낮다. 한번 개체 수가 급감할 경우 회복되는 것은 어려운 일이다.

2010년 남극해의 한 아델리펭귄 번식지 앞을 거대한 빙산이 가로막은 사건이 있었다. 빙산 때문에 먹이터인 바다까지 편도 거리가 60km 이상 증가했다. 과거 20만 쌍의 아델리펭귄이 번식하던 이 번식지는 그 해 6천 쌍 이하로 감소하고 말았다. 이후 아직까지 개체군에 대한 조사는 되어 있지 않지만, 그곳의 번식지는 당분간 개체군 수가 확보되기 어려울 것이다. 기후 온난화의 여파로 남극에서는 더 많은 빙하가 떨어져 나오고 있고, 이러한 사건이 또 언제 발생할지 알 수 없다.

남극에 방문하는 연구자의 수는 매년 증가하고 있으며 관광을 목적으로 하는 방문 또한 빠르게 증가하고 있다. 펭귄 번식지에 갈 때마다 펭귄에게 미안하다. 내가 가지 않았다면 조금이라도 사람의 방해를 덜 받으며 살 수 있지 않았을까 하는 생각이 든다. 펭귄 생태와 개체군 유지에 대한 많은 연구가 진행된다면 앞으로 있을지 모를 위협에서 조금이나마 이 새들을 지킬 수 있는 정보가 되지 않을까 하는 자기 위안을 하며 펭귄들을 바라보았다. 펭귄(Penguin)들의 터에서 멸종한 펭귄(Pen Gwyn)을 생각하며.

펭귄 알 사수하기

사실
도둑갈매기는
영리하다

남극의 육상에는 먹을 것이 적다. 그래서 육상에 번식하는 동물들도 먹이는 대부분 바다에서 구한다. 육상에 둥지를 만들고, 바다로 먹이를 구하러 나가야 하는 펭귄이 대표적이다. 마실 물도 없어서 깨끗한 눈이 쌓인 곳을 찾아다니며 물 대신 눈을 먹는다.

펭귄과 마찬가지로 대부분의 도둑갈매기는 바나에서 먹이를 구하지만, 펭귄보다는 다른 먹이를 구할 수 있는 여지가 있다. 육상에서 번식하는 다른 조류의 알과 새끼를 훔쳐 먹을 수 있기 때문이다. 세종기지 주변에는 펭귄뿐만 아니라 남극제비갈매기, 바다제비 등이 번식하고 있기 때문에 도둑갈매기들은 이들의 둥지를 눈여겨보다가 알이나 새끼를 잡아먹는다. 또한 이런 조류의 번식지에는 죽어 나가는 동물의 사체가 많아 도둑갈매기의 먹이가 많다. 그래서 펭귄 번식지의 주변에는 어디나 도둑갈매기가 함께 번식한다. 번식기가 지나면 펭귄보다 장거리를 이동하지만, 펭귄이 알을 낳을 즈음이면 어김없이 펭귄의 번식지 주변으로 돌아온다. 다시 남극으로 돌아온 도둑갈매기는 장거리를 날아온 이후라 잔뜩 굶주린 채로 호시탐탐 펭귄의 알을 노린다. 펭귄 번식지 여기저기서 펭귄의 알을 빼앗아 먹는 도둑갈매기를 어렵지 않게 관찰할 수 있다. 그래도 배가 고프면 여기저기 굴러다니는 말라비틀어진 펭귄의 미라까지도 뜯어 먹는다.

2018년에는 케이프할렛에서 번식하는 아델리펭귄의 몸에 개체 인식 칩을 삽입하는 작업을 했다. 펭귄의 몸에 인식 칩을 심어 놓으면 매년 번식지로 돌아오는 성체의 수가 얼마나 되는지, 이전 해와 동일 둥지를 이용하는지, 다른 곳으로 옮겼는지도 알 수 있다. 또한 전년과 동일한 짝을 다시 만났는지, 아니면 이혼하고 다른 짝을 만났는지도 알 수 있다. 비행 조류의 경우 다리에 가락지를 달아 개체 인식을 하는 경우가 대부분이고, 독수리와 같이 큰 새의 경우 날개에 번호표를 달기도 한다. 펭귄의 경우 과거에는 날개 부분에 금속 가락지를 부착해서 개체 인식을 했지만, 최근 이 금속 가락지로 인해 펭귄 생존율이 낮아질 수 있다는 논문들이 발표되어 잘 사용하지 않고 있다. 일생의 대부분을 바다에서 생활하는 펭귄에게 있어 가락지는 잠수에 방해를 줄 수 있다. 개체 인식 방법을 고민하다가 비록 눈에는 보이지 않지만 몸속에 삽입하는 개체 인식 칩을 활용하기로 했다.

세종기지에 번식하는 젠투펭귄과 턱끈펭귄에는 벌써 몇 년 전부터 적용하고 있지만, 장보고기지에서는 이때가 처음이다. 개체 인식 칩을 삽입하는 작업에는 많은 시간이 필요하다. 11월 초에 둥지에서 알을 품고 있는 펭귄은 대부분 수컷이다. 암컷들은 알을 낳은 후 에너지를 보충하러 바다로 나갔기 때문이다. 알을 품는 펭귄을 재빨리 데려와 측정을 하고 인식 칩을 심는 데는 한 마리당 1~2분의 시간이 걸린다. 그동안 둥지에 남겨진 알이 식지 않도록 검은색 주머니로 가려 주거나 보온백에 잠시 보관해 준다.

십여 마리의 펭귄에 인식 칩 부착 작업을 하고 있는데 어느새 도둑갈매기 한 마리가 우리 근처에 와 있었다. 사람이 펭귄 둥지에 다가가면 간혹 놀라 둥지를 비우는 펭귄이 있는데, 이때 둥지에 남은 알을 포식하기 위해서다. 똑똑한 도둑갈매기는 사람의 주위를 맴돌며 펭귄이 둥지를 비우는 순간을 노리는 것이다. 주머니에 알을 감춰 뒀지만 언제 도둑갈매기가 알을 채어 갈지 몰라 작업 도중 계속 도둑갈매기의 위치를 확인해야 했다. 알을 다시 펭귄의 둥지에 넣어 주는 짧은 순간에도 재빠른 도둑갈매기가 알을 채어 갈까 봐 신경을 쓰다 보니 금세 피로감이 몰려왔다. 도둑갈매기를 쫓아 보려고도 했지만

똑똑한 도둑갈매기는 사람의 주위를 맴돌며
펭귄이 둥지를 비우는 순간을 노리는 것이다.

영악한 녀석은 잠시 자리를 비웠다가도 금세 다시 돌아와 근처에서 서성였다.

 위험한 순간도 몇 번 있었다. 펭귄을 잡고 둥지의 알을 덮어 주는 짧은 순간 도둑갈매기가 뒤에서 날아와 둥지로 쏜살같이 덤벼든 것이다. 재빨리 둥지를 몸으로 막아 피할 수 있었지만, 하마터면 알을 뺏길 뻔했다. 자연스럽게 둥지에서 뺏긴 알은 어쩔 수 없다고 쳐도 연구자들 때문에 알을 뺏기게 둘 수는 없었다. 결국 그 녀석은 우리의 작업이 끝날 때까지 주변에서 서성이다가 작업이 다 끝나자 다른 곳으로 날아갔다.
 펭귄 번식지의 하늘에는 시시때때로 도둑갈매기가 펭귄의 알을 노리며 날아다닌다. 그러다 펭귄이 기지개를 피려고 고개를 들어 알이 노출되면 그 순간에 알을 덮쳐 빼낼 것이다. 굶주린 수많은 도둑갈매기들이 펭귄 알을 노리고 있다.

남극에는 무수히 많은 죽음이 산다

간섭 가능한
'선'이란 대체
어디까지일까

 조사지로 가는 길이었다. 해변을 걷고 있는데 멀리서 도둑갈매기가 우는 소리에 바다를 쳐다보았다. 펭귄 서너 마리가 바다에서 육지로 올라오는 중이었다. 펭귄들은 얕은 바닷가에서 등만 내놓은 채로 헤엄을 치고 꼬리를 흔들었다. 그중 한 마리가 펭귄의 허리 정도까지 차는 물에서 몸을 세우고 육지 방향으로 발걸음을 옮겼다.

 잠시 쉴 겸 해안가의 바위에 걸터앉았다. 펭귄과는 30m쯤 떨어져 있었다. 가만히 앉아 뭍으로 올라오는 펭귄을 지켜보았다. 쌍안경으로 보니 올해 막 털갈이를 마친 어린 젠투펭귄이었다. 그런데 그 어린 펭귄의 바로 앞 작은 바위에서 도둑갈매기 두 마리가 물에서 올라오는 펭귄을 가만히 지켜보고 있었다. 도둑갈매기는 주로 펭귄의 알과 어린 새끼를 잡아먹기 때문에 다 커 가는 새끼를 잡아먹는 모습을 본 적은 없었다. 털갈이를 마친 펭귄은 날개가 단단해지고, 도둑갈매기보다

몸무게도 많이 나가기 때문에 도둑갈매기 입장에서 함부로 덤벼들기 어려운 상대다. 자칫 덤볐다가 그 단단한 날개에 얻어맞기라도 하면 더 가벼운 도둑갈매기가 오히려 부상을 당할지도 모를 일이다.

2월 중순, 젠투펭귄의 새끼들은 대부분 털갈이를 마치고 일부는 바닷가에 내려가 물놀이를 하고 있는 시기다. 빠른 녀석들은 어미를 따라 바다로 나가 헤엄치는 연습을 하고 가까운 육지로 올라오기를 반복하기도 했다. 아직 수영에 익숙하지 않은 새끼 펭귄들이 어미처럼 능숙하게 헤엄치기 위해서는 많은 시간이 필요하다. 지금 뭍으로 올라오는 녀석들도 수영 연습을 하다 올라오는 것처럼 보였다. 어찌 보면 전혀 이상해 보이지 않는 상황이었다.

그런데 다음 순간, 도둑갈매기 두 마리가 뭍으로 거의 올라온 펭귄을 공격하기 시작했다. 이상한 건 펭귄도 반격할 법한데 전혀 대응하지 못하고 무차별적으로 도둑갈매기 두 마리에게 쪼임을 당하는 것이었다. 도둑갈매기가 다 자란 펭귄을 공격하는 모습도 흔치 않거니와 전혀 저항하지 않는 펭귄을 보는 것도 흔하지 않다. 거의 다 자란 새끼 펭귄이 도둑갈매기에게 잡아먹히지는 않을 거라고 섣사리 판단해 버렸다. 같이 뭍으로 오르던 다른 새끼 펭귄들은 놀라 바다로 돌아갔고, 홀로 서 있던 펭귄만 공격을 당하고 있었다. 바로 돌아서 물로 들어가 버리면 될 것 같은데 이상하게도 새끼 펭귄은 그저 도둑갈매기의 공격을 받아들이고만 있었다.

설마설마하던 사이 공격을 당하던 펭귄이 바닥에 누웠고, 두 마리의 도둑갈매기는 펭귄의 배 부위를 순식간에 찢어 버렸다. 아… 지켜보던 우리도 말문이 막혔다. 방금까지 헤엄을 치다 올라온 펭귄은 손 쓸 새도 없이 도둑갈매기에게 산 채로 내장을 뺏겨 버렸다. 추측컨대, 아마도 바다에서 에너지를 다 써 버려 저항할 힘이 없었던 모양이다. 그 기막히고 충격적인 장면에 한참 동안 얼어붙어 있었다.

자연에서 벌어지는, 말 그대로 '자연적인 일'이라고 생각할 수도 있겠으나 한편으로는 펭귄을 구하지 못했다는 죄책감이 밀려왔다. 어미 펭귄들은 새끼를 키우기 위해 추운 남극에서 한 달 넘게 알을 품고, 도둑갈매기들을 상대하고, 위험한 바다에 나가 먹이를 물어다 새끼를 키워 간신히 바다로 내보낸다. 그렇게 키운 새끼를 이렇게 허무하게 잃을 수는 없는 일이다. 하지만 자연에 함부로 간섭할 수는 없는 노릇이라, 두 마리의 도둑갈매기에게 펭귄이 잡아먹히는 모습을 착잡하게 지켜볼 수밖에 없었다. 생명에 귀천이 어디 있겠냐고, 도둑갈매기도 새끼를 키우고 있는 부모 새이니 먹이가 부족한 남극에서는 어쩔 수 없는 일이라고 자위하기엔 마음이 달래지지 않았다.

남극에서 펭귄을 관찰하다 보면 무수히 많은 죽음을 보게 된다. 세종기지 펭귄 마을에서 평균 하루 한 마리 이상의 펭귄들이 바다를 오가는 도중 표범물범의 먹이가 된다. 영악한 표범물범은 펭귄들이 바다에 뛰어드는 곳 근처에서 몰래 기다리고 있다가 지나가는 펭귄을 붙잡아 공중에 던지며 찢어 먹었다. 지켜보기 어려운 장면들이 매일 펭귄 마을에서 펼쳐졌다. 그럼에도 불구하고, 그날의 광경은 마음에 깊숙이 남았다. 벌써 몇 년이나 지난 지금까지도 간혹 죄책감에 빠지게 한다. 소리라도 한 번 질러 봤다면, 우리가 조금만 더 펭귄에게 가까이 다가갔다면… 어쩌면 도둑갈매기는 날아가고 펭귄도 안전하게 바다로 가거나, 뭍으로 올라오지 않았을까.

야생의 동물을 연구하면서 연구자로서 어느 선까지 자연에 간섭해도 되는지에 대한 고민이 많았다. 가만히 두면 알아서 잘 살아갈 동물들의 삶에 내가 끼어들어 혼란을 주는 것은 아닐까 하는 생각이 매년 펭귄들을 만날 때마다 떠올랐다. 이런 생각조차도 인간의 욕심일지 모르지만, 야생의 동물들을 대하며 고민은 끊임없이 이어진다.

크릴이 남극을 먹여 살린다

새우가
아니에요

바다에 나갔던 펭귄들이 바쁜 걸음으로 번식지로 돌아왔다. 뱃속의 먹이 때문인지 나갈 때보다 발걸음이 무거워 보였다. 몸무게가 많이 나가도 5kg인 아델리펭귄은 한 번 바다에 다녀올 때마다 최대 1kg이 더 늘어 있었다. 둥지에서 기다리는 새끼에게 전해 줄 먹이가 뱃속에 가득 차 있기 때문이다.

바다에서 도착한 펭귄을 둥지까지 따라가 보고 싶었다. 바닷가 한구석에서 조용히 지켜보다 막 해빙에서 번식지로 들어오는 한 마리를 골라 멀찍이 따라갔다. 다른 펭귄의 뒤를 따라 돌아온 그 펭귄은 번식지에 도착하자마자 일행과 떨어져 홀로 발걸음을 옮겼다. 번식지에 도착하니 마음이 더 급해진 것처럼 보였다. 펭귄을 놓치지 않으려고 재빠르고 조심스럽게 펭귄 번식지 사이를 따라 걸어갔다. 다른 펭귄의 번식지를 관통해 지나갈 때는 그곳 주인들의 공격을 받기도 했지만, 개의치 않고 직선 방향으로 나아갔다. 중간에 잠깐 발걸음을 멈

취 두리번거리기도 했으나 다시 방향을 가다듬고는 쉬지 않고 걷는다. 해안가에서 300m 정도 들어갔을 때 큰 울음소리가 났다. 드디어 펭귄이 둥지에 도착한 것이다.

아델리펭귄은 케이프할렛에만 약 5만 쌍이 번식하고 있다. 그렇게 많은 둥지 중에서 자기 둥지를 정확히 찾아가는 펭귄들이 놀라웠다. 둥지에는 새끼 두 마리를 품고 있는 짝이 도착한 펭귄과 함께 고개를 들고 큰 소리로 울었다. 두 마리는 마치 대화라도 하듯 고개를 좌우로 흔들며 한참 재회의 인사를 나누었다.

바다에서 돌아온 펭귄이 둥지의 펭귄 뒤로 돌아가더니 배로 밀기 시작했다. 교대해 달라는 신호를 계속 보내도 둥지의 펭귄이 나오지 않자 몸으로 밀어서라도 빨리 교대하고 싶은 것 같았다. 둥지의 펭귄이 아쉬운 듯 새끼를 품고 있던 발을 빼내어 둥지 밖으로 나왔다. 바다에서 돌아온 펭귄은 재빠르고 조심스럽게 둥지로 올라가 두 마리의 새끼 아래 발을 밀어 넣고 다시 한번 크게 울었다.

그제야 새끼들은 바다에서 돌아온 펭귄을 향해 고개를 들어 먹이를 보챘다. 바다에서 돌아온 펭귄이 몇 번 울컥울컥 하더니 고개를 숙여 새끼에게 먹이를 토해 주기 시작했다. 멀찍이서 쌍안경으로 보니 입에서 입으로 넘겨지는 먹이는 붉은색으로 보였다. 뱃속의 먹이를 조금씩 토해 내어 한참 동안 새끼에게 먹이던 펭귄은 배부른 새끼 펭귄들이 아랫배로 파고 들어간 이후에야 조심스럽게 고개를 숙이고 가만히 서 있었다. 목숨을 걸고 새끼에게 줄 먹이를 구하러 바다에 다녀온 펭귄은 그제야 휴식할 수 있었다.

펭귄이 바다에서 먹고 온 붉은색의 먹이는 크릴(Krill)이 대부분이었다. 새끼에게 먹이를 주다 간혹 흘리는 경우가 있는데, 이런 먹이를 주워 확인해 보면 90% 이상이 크릴이었다. 크릴은 새우와 유사한 생김새를 하고 있지만, 십각목(새우, 보리새우, 바닷가재, 가재, 게 등을 포함하는 연갑강에 속해있는 갑각류)에 속하는 새우와는 달리 난바다곤쟁이목(모두 해산 동물플랑크톤이며 유영동물의 주요 먹이가 됨)에 속하는 동물성플랑크톤이다. 새우와는 차이가 큰 셈이다.

세종기지에서 젠투펭귄과 턱끈펭귄의 먹이를 조사한 적이 있었는데, 그곳의 펭귄들도 먹이의 대부분은 크릴이었다. 남극에서 살아가는 동물들에게 크릴은 가장 중요한 먹이원 중의 하나다. 크릴 중에서도 남극 크릴(Antarctic Krill)의 생물량은 어림잡아 매년 37,900만 톤에 달한다[1].

---

1. Atkinson A, Siegel V, Pakhomov EA, et al. A re-appraisal of the total biomass and annual production of Antarctic krill. Deep-Sea Research Part I. 2009;56(5):727-740.

크릴은 펭귄의 번식 기간 남극에서
가장 흔한 먹이이면서, 크기가 작아
새끼에게 토해 주기에도 안성맞춤이다.

전 세계 생물종 중 가장 풍부한 생물 중 하나인 크릴은 그 생물량 때문에 남극 생태계의 기초를 담당하는 종이기도 하다. 펭귄뿐만 아니라 물범, 바닷새, 고래까지 이 크릴을 먹기 위해 매년 여름 남극으로 향하기 때문에, 남극 동물 전체를 먹여 살리고 있다고 해도 과언이 아니다. 남극 크릴이 남극 생태계에서 가장 중요한 생물종인 이유이다.

크릴은 남극의 해빙과 밀접한 관련이 있다. 매년 남극에 겨울이 도래하면 해빙이 증가해 원래 남극 크기의 두 배까지 면적이 확대된다. 이 해빙 아래에 식물플랑크톤이 번성하는데 크릴은 이 식물플랑크톤을 먹고 성장한다. 해빙이 넓게 분포하면 바람이 불어도 바다는 파도치는 면적이 적어 안정적인 상태가 되고, 크릴의 먹이원인 식물플랑크톤이 더 많이 번성할 수 있다.

또한 해빙 아래는 크릴이 포식자를 피해 숨을 수 있는 장소도 제공한다. 해빙 면적이 넓을수록 더 많은 크릴이 생성될 수 있는 것이다. 그러나 연구에 따르면 1970년 이후 해빙이 감소하면서 지역에 따라 크릴의 양이 최대 80%까지 감소하였다고 한다. 최근 남극 일부 지역에서 온도가 빠르게 상승하고 있는데 이로 인해 해빙의 면적도 크게 감소하였다. 이에 따라 해빙 의존성 동물인 펭귄 또한 그 개체 수가 감소하고 있는 상황이다[2].

환경 변화뿐만 아니라 남극 생태계의 핵심 요소인 크릴에 영향을 미치는 또 다른 요인은 바로 크릴의 상업적 조업이다. 크릴은 주로 낚시의 미끼나 양식업에 이용되었으나, 최근에는 인기 건강 보조 식품으로 그 사용량이 크게 증가하고 있다. 우리나라는 노르웨이, 일본과 더불어 세계 3대 크릴 조업국이다. 한국은 2013년에 이어 2019년에도 남극에서의 이빨고기(메로) 등의 불법 어업이 적발되어 예비 불법 어업국에 지정된 바 있다. 남극에서 과학적 기여는 하지 않고 자원 채취에만 몰두하고 있다는 국제적인 비난을 받을 수밖에 없었던 것이다.

남극해양생물자원보존위원회(CCAMLR, Convention for the Conservation of Antarctic Marine Living Resources)는 남극에서의 무분별한 어획을 방지하고, 남극 생물의 안정적인 서식을 위해 2016년 제35차 총회에서 남극 로스해에 세계 최대의 해양보호구역(MPA, Marine Protected Area) 지정을 합의했다. 이에 발맞추어 국내 극지 연구소에서도 로스해에 위치한 케이프할렛을 CEMP(CCAMLR Ecosystem Monitoring Program) 사이트로 등록하여 연구 활동을 시작하였다. 남극에서 과학적 기여를

---

2. Trivelpiece WZ, Hinke JT, Miller AK, et al. Variability in krill biomass links harvesting and climate warming to penguin population changes in Antarctica. Proceedings of the National Academy of Sciences 2011;108(18):7625-7628.

하기 위함이다. 이 연구 활동의 일환으로 케이프할렛에서 나 같은 연구자들이 펭귄의 생태 연구를 수행하고 있는 것이다.

 크릴은 펭귄의 번식 기간 남극에서 가장 흔한 먹이이면서, 크기가 작아 새끼에게 토해 주기에도 안성맞춤이다. 죽처럼 반쯤 소화된 붉은색의 크릴이 부모 펭귄의 입에서 새끼 펭귄의 입으로 전달되는 모습을 보면 내 아이가 밥을 먹는 모습을 보는 것처럼 마음이 뿌듯했다. 지구 공동운명체로서 작은 것이나마 환경 보존을 위해 노력해야겠다는 다짐과 함께 펭귄이 오랫동안 남극에서 살아갔으면 좋겠다고 생각했다.

펭귄이 떠난 자리에 겨울이 온다

번식기가
끝난 후

장기 캠프 건물을 건설하기 위해 다시 찾은 케이프할렛에는 펭귄의 빈 둥지만 남아 있었다. 5만여 쌍의 펭귄은 대부분 번식지를 떠났다. 설치해 놓은 카메라의 사진을 돌려 보니 아델리펭귄들은 1월 말부터 해안가로 내려오기 시작했고, 2월 초에는 대부분 어미들과 함께 바다로 나갔다.

쓸쓸한 펭귄의 번식지를 돌아보았다. 캠프에 오기 전, 며칠 동안 눈이 내려 번식지 이곳저곳에는 많은 눈이 쌓여 있었다. 구석진 곳으로 가자 백여 마리의 아델리펭귄이 모여 털갈이를 하고 있었다. 아직 떠나지 않고 남아 있는 개체들을 보니 반가운 마음이 들었다. 펭귄은 번식기가 끝나갈 즈음 털갈이를 시작한다. 몸의 털이 다 빠지고 새로운 깃털이 돋아나기 때문에 이 기간에는 바다에 나가지 않고 굶으며 새로운 털이 자라나기를 기다린다. 새로 돋아난 방수 털은 앞으로 일 년 동안 차가운 바다에서 펭귄이 버틸 수 있게 지켜줄 것이다.

털갈이 기간 동안 먹지 못한 펭귄들은 건더기가 없는 녹색 똥을 싸 놓았다. 올해 태어난 새끼 펭귄은 그곳에 없었다. 모두 바다 어딘가에서 떠돌고 있을 것이다. 기온이 급격하게 낮아지고 있다. 바다가 더 얼기 전에 펭귄들은 얼지 않은 바다를 찾아가야 할 것이다.

캠프지 주변에는 도둑갈매기들도 아직 많이 남아 있었다. 대부분의 펭귄이 떠났고 바다도 다시 얼어 가는 상황에 먹이도 많지 않을 것 같은데, 많은 수의 도둑갈매기가 둥지 주변에서 날지 못하는 새끼 도둑갈매기들을 지키고 있었다. 털갈이가 거의 끝난 도둑갈매기 새끼들이 어미에게 먹이를 보채는 모습은 많이 보였지만, 새끼에게 먹이를 토해 내 먹이는 부모는 거의 보이지 않았다. 곧 남극의 겨울이 도래하면 이들 모두는 더 따뜻하고 먹이가 많은 곳으로 이동해야 할 것이다. 그러기 위해서는 에너지를 축적해야 할 텐데, 먹을 것이 없으니 어쩌나 하는 걱정이 들었다. 간혹 말라 죽은 펭귄의 미라를 뜯어 먹는 도둑갈매기도 보였다.

저녁 무렵에는 윌슨바다제비 두 마리가 캠프지 주변을 날아다녔다. 얼어 있는 바다 위에서 찾을 먹이가 있는 것인지 의아했다. 생각보다 도둑갈매기의 새끼 수가 적었다. 100여 쌍이 넘게 둥지를 틀었는데, 남아 있는 새끼 도둑갈매기는 10여 마리에 불과하다. 이미 털갈이를 마치고 따뜻한 바다를 향해 출발한 것인지, 번식 성공률이 낮아 모두 죽고 이만큼만 남아 있는 것인지 알 수 없었다. 다만 바다 상황이 그리 좋지 않은 것을 감안하면 대부분 죽었을지도 모른다는 생각이 들었다.

몇몇 도둑갈매기가 잘 날지 못하는 새끼 도둑갈매기를 쫓아다녔다. 어미로 보이지는 않았다. 배고픈 도둑갈매기가 동족의 새끼를 노리고 있었다. 도둑갈매기에게 동종 포식은 흔한 현상이다. 안타깝지만 생존을 위한 방식일 것이다. 새끼를 향해 한 마리의 도둑갈매기가 쏜살같이 날아오자 근처에 있던 어미로 보이는 도둑갈매기가 새끼들을 지켜 주었다. 어제부터 내리는 눈에 도둑갈매기 둥지도 모두 눈에 파묻히고, 바닥에서 쉬고 있는 도둑갈매기들도 거의 눈에 파묻혀 있었다. 털갈이 중인 아델리펭귄 몇 마리도 움직이는 게 귀찮은지 반쯤 눈에 파묻힌 채 쉬고 있었다. 낮 기온도 이미 영하 10도 이하다. 밤에는 영하 20도까지도 내려갈 것이다. 차가운 바깥 기온보다 눈 속이 차라리 따뜻할지도 모를 일이다.

눈 덮인 번식지를 촬영하러 카메라를 들고 나왔는데, 카메라의 렌즈가 얼어붙어 초점을 맞추기 어려웠다. 수동으로 렌즈를 맞추어 몇 장 찍었다. 움직일 때는 몰랐는데 캠프지로 돌아오는 길에는 손과 발이 부들부들 떨릴 정도로 추웠다.

　바야흐로 남극의 겨울이 다가오고 있다. 극한의 시기, 모든 동물이 어둡고 추운 남극의 겨울에서 살아남아 다음 해에 무사히 다시 이곳에 돌아오길 바랐다.

며칠 동안 눈이 내려 번식지 이곳저곳에는
많은 눈이 쌓여 있었다.

Part 2

눈과 얼음의 대륙으로 초대합니다

얼음의 땅 남극으로 출장을 간다

올 때마다
낯설고
설레는

 하늘을 날고 있었다. 하얗고 검은 풍경이 창밖으로 펼쳐졌다. 발아래에서 느껴지는 진동과 귀에 들어오는 엄청난 소음 때문에 이마가 지끈거렸다. 작은 쪽창으로 보이는 바깥세상은 너무 밝아 현실감이 없었다. 천국이 이런 느낌인가. 문득 만화에서나 보았던 피라미드나 비밀 기지의 문이 있지 않을까 하는 상상이 들어 계곡 사이를 살펴보다 피식 웃음이 났다.

 비행기 안은 어둡고 추웠다. 어디선가 히터가 나오는 것 같았으나 발아래까지 온기가 닿지는 않았다. 몸도 움직이기 어려운 좁은 좌석에서는 어찌할 바가 없었다. 옆 좌석에는 노란 머리의 외국인이 고개를 젖히고 잠들어 있었다. 그러다 비행기에 오르기 전 받았던 종이봉투가 눈에 띄었다. 안에는 말라 가는 샌드위치 두 개와 사과 한 개, 물 한 통이 들어 있었다. 배는 고프지 않았지만 샌드위치를 꺼내 한 입 베어 물었다. 그만 먹을까 하다가 하나를 꾸역꾸역 입에 다 밀어 넣었다.

비행기를 탄 지는 여섯 시간쯤 지난 후였다. 예정대로라면 거의 도착 시간이다. 구름 사이를 날고 있는 건지 창밖의 풍경은 이제 아무것도 보이지 않았다. 안내 방송을 듣지 못한 것인지, 애초에 안 한 것인지 알 수 없었다. 화장실 생각이 나지 않은 것은 다행이었다. 한순간 가족들의 얼굴이 스쳐 지나갔다.

이제 5개월을 남극에서 보내야 한다. 그동안의 어떤 남극 출장보다도 긴 기간이다. 어두워 책도 보기 어렵고 휴대폰으로 재생한 음악도 비행기의 소음에 묻혀 버렸다. 이미 민감해진 청각 때문인지 잠도 오지 않았다. 고개를 들어 전선이 어지럽게 엉킨 천장을 올려다보았다.

그때 비행기가 바닥에 닿는 느낌이 쿵 하고 올라왔다. 짐작도 못 한 착륙이다. 웅성거리는 소리가 들리는 게 모두들 놀란 모양이다. 창밖이 뿌연 구름뿐이었던 건 착륙을 위한 하강 중이어서 그랬던 모양이다. 비행기의 문이 열리고 밝은 빛이 한순간 안으로 몰아쳤다. 잠깐 눈부셔 멀었던 시야가 회복되니 바깥의 풍경이 들어온다.

하얀 얼음의 세상. 사람들은 분주하게 움직여 하나둘 비행

남극 대륙의 해빙 위에 발을 내리고 주변을 돌아보았다.
약 일 년 만에 다시 돌아왔지만 여전히 올 때마다 낯선 풍경이다.

기를 빠져나갔다. 묘한 흥분이 번진다. 남극 대륙의 해빙 위에 발을 내리고 주변을 돌아보았다. 약 일 년 만에 다시 돌아왔지만 여전히 올 때마다 낯선 풍경이다. 이곳에서는 어떤 일들이 기다리고 있을까. 멀리서 장보고기지의 설상차가 다가오는 걸 바라보며 차가운 공기를 힘껏 들이마셨다.

남극의 아주 평범한 하루

비록
밥 먹으러 가는 길은
험할지라도

건물이 덜컹거리는 소리에 눈을 떴다. 아침 6시. 아직 한 시간은 더 잘 수 있는 시간이지만, 부지런한 몇몇 연구원들이 벌써부터 숙소동을 돌아다니는 발소리에 잠이 깼다. 세종기지에 들어온 지 한 달이 지났다. 보통은 방음이 되지 않는 컨테이너 숙소동에서도 잘 자는데, 블리자드가 몰아치는지 건물의 떨림이 심상치 않다. 가만히 침대 옆 작은 창문의 커튼을 열고 밖을 내다보았다. 창밖에는 하얀 눈만 보인다. 숙소동 바로 앞에 위치한 연구동이 보이지 않을 정도로 눈보라가 몰아치고 있다.

"이러다간 출남극 전에 더 바빠질 텐데…" 한숨이 나온다. 벌써 여러 차례 블리자드가 분 탓에 조사일이 줄어들고 있어 걱정이다. 맞은편 침대에는 같이 일하는 후배 두 명이 이층 침대 위아래에서 곤히 자고 있다. 어제저녁에 있었던 기지 내 회식 때문에 늦게 잠자리에 들었을 것이다. 오늘 예보에 블리자드가 있어 조사를 나가기 어려울 것 같으니 편하게 늦잠을 자라고 말해 둔 터였다.

조용히 자리를 정리하고 방에서 빠져나왔다. 삐걱거리는 복도를 지나 강한 바람으로 단단히 버티고 있는 현관문을 밀어 열었다. 문 앞으로 한 치 앞도 보이지 않는 눈 폭풍이 몰아치고 있다. 10m도 안 되는 거리의 연구동으로 건너가는 것조차 쉽지 않다. 다시 한번 지퍼를 단단히 여미고 모자를 누르며 계단을 내려간다. 채 일 분도 안 되는 사이에 온몸이 눈사람 꼴이다. 잠이 덜 깬 상태로 바람을 맞아서인지 더 춥게 느껴졌다. 겨우 도착한 휴게실에서 커피 한 잔을 내려 마시고 한참 창밖을 바라보았다.

남극은 남극이다. 건물 안에서도 발아래로 한기가 느껴진다. 라디에이터를 끌고 와 책상 아래에 놓고 컴퓨터의 전원을 눌렀다. 블리자드 여파인지 안 그래도 느린 인터넷이 더 느린 것처럼 느껴진다. 잠깐 인터넷 기사를 검색하고 SNS로 한국에 있는 지인들의 생활을 보았다. 한국에도 한파가 몰아친다고 한다. 한국의 겨울이면 남극으로 오는 생활을 4년째 하다 보니 사진으로 보는 한국의 겨울 풍경이 낯설다. 피부를 찌르는 듯한 한국의 추위는 남극의 추위와는 다른 느낌일 것이다.

남극에서 나는 펭귄의 번식 생태 연구를 하고 있다. 세종기지에서 약 2km 떨어진 곳에 젠투펭귄과 턱끈펭귄의 번식지가 있다. 날씨가 허락하는 한 거의 매일 방문하여 번식 현황을 기록하고 있다. 새의 번식지를 조사한다는 것은 냄새와의 싸움이다. 펭귄들이 싼 똥은 번식 기간 동안 계속 땅에 쌓이는데, 시간이 갈수록 썩고 흘러서 지독한 냄새가 났다. 이곳에서 펭귄을 붙잡아 위치 추적기를 달고 개체 측정을 하다 기지로 돌아오면 다른 연구원들이 슬금슬금 피해 다닐 정도이다. 이제는 어느 정도 적응이 되어 재밌기도 하지만 펭귄 똥이 묻은 손을 대충 닦고 비닐에 담아온 주먹밥을 먹다 보면 가끔 '내가 지금 뭐 하고 있나…' 하는 생각이 들 때도 있다. 화장실도 없고, 바람을 피할 곳도 없는 야외에서 온종일 펭귄들과 씨름하다 보면 외로움도 많이 느낀다. 바람을 막아 줄 곳을 찾아 펭귄 마을을 홀로 돌아다니다가 바위 뒤에 웅크리고 앉아 휴대폰 속 가족사진을 보며 위안을 얻은 적도 많았다. 예전 생각을 하니 피식 웃음이 난다. 이제는 연구원들이 많아져 혼자 다닐 일이 없고 힘든 일들도 함께할 수 있으니 훨씬 수월하다.

컨테이너로 지어진 연구동의 벽이 웅웅 소리를 내며 울었다. 바람이 점점 거세지는 모양이다. 별수 없이 기지에서 바람이 멈추기를 기다릴 수밖에 없을 듯하다. 미뤄뒀던 데이터 정

컨테이너로 지어진 연구동의 벽이 웅웅 소리를 내며 울었다. 바람이 점점 거세지는 모양이다.

리와 빨래를 하고, 시간이 남으면 유지반에 놀러 가야겠다고 생각했다.

  식당이 있는 본관동까지 아침을 먹으러 가는 일이 걱정이다. 배고픔과 바람 사이에서 저울질하다가 장갑과 모자, 고글에 장화까지 완전 무장을 갖추고 연구동 건물을 나섰다. 동쪽에서 불어오는 차가운 바람이 뒤에서 등을 밀었다. 바람은 건물을 타고 돌아 건물 뒤에 높다란 눈 산을 만들어 놓았다. 어찌할 수 없이 허벅지까지 빠지는 눈 산을 넘어갔다. 밥 먹으러 가는 길이 이토록 험난하다. 힘들게 걸어 본관동 문을 열고 들어가니 새로 지은 밥 냄새가 콧속으로 훅하고 밀려들어왔다. 식당에 오길 잘했다고 생각하며 이 바람 속에서도 도둑갈매기 한 마리와 남방큰풀마갈매기 한 마리가 바람을 타며 날고 있던 모습을 떠올린다. 남극에 사는 동물들에게도 블리자드는 시련이지만, 어찌되든 살아가야만 하는 모든 살아있는 것들의 삶에 대해 생각했다.

오로라, 찬란한 남극의 선물

우주에서
가장 경이로운 빛을
만나다

때는 2018년, 출남극을 위해 장보고기지에서 아라온호가 출항한 지 하루가 지난 날이었다. 배는 유빙이 가득한 바다를 지나 뉴질랜드가 있는 북쪽으로 향했다. 5개월간 헬기를 타고 날아다니며 조사했던 인익스프레시블 섬과 케이프할렛을 지날 때는 감회가 남달랐다. 다시 이곳에 올 수 있을까… 후련함과 아쉬움이 교차했다.

남극 대륙을 벗어난 배는 대양으로 접어들었다. 유빙들도 점차 사라지더니 이제는 망망대해를 항해하고 있다. 바다의 너울에 아라온호가 흔들리기 시작했다. 익숙해지지 않는 멀미 때문에 속이 약간 매스꺼워 멀미약 하나를 먹고 잠을 청했다. 잠드는 건 쉽지 않았지만, 멀미약을 먹은 영향인지 한번 잠들자 이후로는 꽤 잘 수 있었다. 눈을 떴을 때도 배의 진동은 여전했지만 버틸 만했다. 아라온호를 많이 타 본 사람들에게서 이 정도 흔들림은 평이한 수준이며, 배가 로스해를 벗어나 더 큰 바다에 나가면 엄청나게 흔들릴 수 있다고 들은 이야기가 생각난다.

아라온호에 타는 것은 두 번째다. 2011년, 처음 세종기지에 들어갈 때 아라온호를 타고 들어갔었다. 약 4일간의 항해였는데, 칠레에서 세종기지까지 가는 길에는 파도가 높기로 유명한 드레이크 해협(Drake Passage)이 있었다. 큰 흔들림 없이 잘 가던 배가 드레이크 해협에서 갑자기 출렁대기 시작했다. 배가 파도에 빨려 들어갈 것만 같았다. 당시 온돌방에서 자고 있던 나는 친구와 함께 방의 한쪽 끝에서 반대쪽 끝까지 밀려가야 했다. 늘어놓은 노트북, 가방, 짐들도 방에서 함께 뒹굴었다. 다만 하루 정도 파도가 친 뒤 금방 잔잔해져서 더 큰 고통을 받지는 않았다. 이번 항해에서는 부디 그런 일은 없기를 바랐다.

배에서의 생활은 심심함 그 자체다. 딱히 갈 곳도, 할 것도 많지 않아 대부분은 영화나 드라마를 보면서 시간을 보내고 있다. 배가 흔들리니 할 수 있는 것도 없다. 멀미 때문에 정신이 혼미한 상태에서는 글을 쓰거나 책을 보는 일도 만만치 않았다. 이런 하루하루를 일주일이나 보내야 한다니, 걱정이다. 다들 영화를 보거나 방에서 누워 시간을 보내고 있었다. 하루에 두 번씩 갑판에 나가서 하는 새 조사도 바람과 추위 때문에 오래 하기는 어려웠다. 저녁을 먹은 다음에는 더 할 일이 없었다.

 같은 방을 쓰는 박사님과 이런저런 이야기를 하다가 멀미에는 빈속이 더 나쁘다는 이야기를 듣고 야식을 먹기로 했다. 식당에 내려가 라면을 끓이는데 밖에서 큰소리가 났다. 무슨 일이지? 부리나케 나가 보니 오로라가 아라온호 위에 떠 있다고 떠드는 소리가 들린다. 배 전체에 난리가 났다. 다들 밖으로 나가는 문을 찾아 달려 나가기 시작한다. 그동안 남극에 여러 번 오면서도 한 번도 보지 못했던 오로라. 이번 출장에서도 기대했으나 결국 보지 못했던 오로라가 지금 배 위에서 보인다고 한다. 현재 아라온호는 남극 로스해를 벗어나 남위 70도 정도에서 북진하고 있었다. 어쩌면 마지막 기회일지도 몰랐다.

 옷도 제대로 챙겨 입지 못하고 밖으로 뛰어나갔다. 하늘 아래로 오로라가 장막처럼 드리워져 있었다. 시시각각으로 모양이 바뀌는 오로라는 밝아졌다가 어두워지고, 사라졌다가 다시 나타났다. 사진에서 봤던 것처럼 색상이 강하지 않았지만 그 감흥은 말로 표현할 수 없을 정도로 벅찼다. 사람들은 갑판에 그대로 눕거나 하늘을 바라보며 연신 "멋지다!"를 외쳤다. 휴대폰으로 찍힐까 싶어 찍어 보았지만 제대로 찍히지 않았다. 방으로 돌아가 옷과 카메라를 챙겨 다시 밖으로 나갔

다. 흔들리는 배 위에서 오로라를 찍어 보겠다고 노력했지만 잘되지는 않았다. 그냥 눈으로라도 실컷 봐야겠다는 생각이 들어 카메라를 내리고 한참 동안 하늘을 바라보았다. 오로라도 멋졌지만 쏟아질 듯한 별들이 밤하늘에 펼쳐지고 별똥별도 자주 떨어져 내렸다. 환상적인 밤이었다.

극히 낮은 기온과 바람 때문에 밖에 오래 머물지 못하고 여러 차례 안과 밖을 오갔다. 처음 오로라를 보러 올라간 시간이 11시쯤이었는데, 오로라에 정신이 팔려 선내를 돌아다니다 보니 금세 시간이 흘러 새벽 3시가 되었다. 마지막으로 한 번만 더 보러 나가기로 하고는 몇몇 사람들과 어울려 오로라를 지켜보았다. 처음 나타났을 때보다는 구름이 많이 끼고 빛이 약해지긴 했지만, 연한 녹색 빛의 일렁임이 하늘에서 모양을 바꿔 가며 춤을 추고 있었다.

내일 밤에는 아라온호가 남위 65도 이상 올라가기 때문에 오늘이 오로라를 볼 수 있는 사실상 마지막 날이었다. 마지막 날에 오로라를 직접 볼 수 있게 되다니, 기적과도 같은 일이었다. 옆에 있는 박사님이 하늘을 바라보며 9회 말 역전 홈런을 때린 기분이라고 했다. 홈런을 쳐 본 기억은 없으나 어쩌면 그 말이 적절할지도 모르겠다고 생각했다. 장기간의 힘들었던 남극 출장을 위로하는 하늘의 선물 같았다.

장보고기지를 덮친 눈 폭풍

바람이
눈을 몰고
온다

전날 밤부터 바람이 심상치 않더니 장보고기지에 블리자드가 몰아치고 있다. 이번 출장 동안 가장 센 바람은 속도가 초속 15m 정도였는데, 오늘 아침에는 몸을 가누기 어려울 정도로 강한 초속 30m를 훌쩍 넘긴 바람이 불고 있다. 산 위에서 내려오는 바람이 눈을 몰고 와 바닥에 눈의 강을 만들었다. 바람은 건물을 찢을 듯이 몰아붙이고 건물 안에서도 웅웅 하는 진동음을 만들어 내었다.

어제까지도 장보고기지 앞바다의 해빙이 나가지 않아 월동대의 걱정이 많았다. 3월 초에 쇄빙선 아라온호가 오면 배의 컨테이너들을 기지로 옮겨야 하는데, 해빙이 남아 있으면 안전 때문에 어려움이 있었다. 그런데 이번 바람으로 기지 앞 해빙이 순식간에 떨어져 나가고 있다. 3m 이상 얼었던 두꺼운 얼음도 자연의 힘 앞에서는 스펀지처럼 조각나 버렸다. 통신실에 올라가 바다를 바라보니 시시각각으로 멀어지는 얼음들이 보인다. 바람이 만들어 놓은 구름의 조각들이 하늘에서 어지럽게 변해 간다. 두껍게 쌓이는 렌즈 모양의 구름들이 엉겼다가 흩어졌다.

장보고기지는 본관 건물 안에 숙소와 식당이 같이 있어 이런 날에 밖에 나가지 않아도 손쉽게 식사를 할 수 있다. 반팔과 반바지를 입고 밖의 강풍을 보고 있자니 세종기지 생각이 난다. 세종기지에서 이 정도의 바람은 하계 시즌 동안에도 예삿일이었다. 간혹 기차도 전복시킬 정도라는 초속 40m가 넘는 바람도 기지에 몰아쳤다. 식당에 가기 위해서 그런 바람을 뚫고 가다 보면 바람이 쌓아 놓은 수 미터의 눈이 앞을 가로막기도 했다. 하루 세 끼 먹으러 가는 길이 결코 쉽지 않았다. 배고픔과 바람 사이에서 저울질을 하기 일쑤지만 결국 모자, 장갑, 고글까지 챙겨서 꽁꽁 싸매고 밥을 먹기 위한 모험을 떠나는 게 수순이었다.

세종기지를 추억하는 사이 밖에 내다 놓은 카메라 고정판이 생각났다. 아차. 급하게 밖에 나가보니 역시나 그 중 하나가 바람에 날아갔다. 날아가지 않도록 큰 돌로 눌러 두고 나서도 불안했는데 결국 하나가 사라지고 만 것이다. 밖에 나갈 엄두가 안 나 바람이 조금 약해지면 가져올까 했던 게 실수였다. 없어지고 나니 미리 가져오지 않은 게 후회되었다.

바람은 내일까지 장보고기지에 몰아칠 예정이다. 이렇게 날씨가 험할 때는 자연스럽게 펭귄들을 걱정하게 된다. 펭귄 마을의 펭귄들은 어쩌고 있으려나. 번식지를 떠난 펭귄들은 어디에서 바람을 피할까. 새삼 걱정이 드는 마음은 어쩔 수 없는 것이었다.

바야흐로 남극에 겨울이 찾아왔다

진짜 '밤'이
시작되는
계절

2017/2018 마지막 캠프도 벌써 9일 차다. 예상보다 장기 캠프지 공사 일정이 늦어지고 있다. 건물 본체는 3일 만에 완성했지만, 태양광 설비와 내부 마감에 시간이 오래 걸렸다. 기술자 정인택 반장님과 박명희 총무님의 보조로 건물을 설치하는 일도 막바지로 가고 있었다.

이제 보조가 필요한 일이 많지 않아 중간에 시간을 내어 펭귄 번식지에 다녀왔다. 아직도 많은 수의 도둑갈매기가 번식지에 남아 있었다. 대부분의 펭귄이 떠난 번식지에서 도둑갈매기들은 말라 버린 펭귄 미라를 쪼며 버티고 있었다. 10마리 남짓 남아 있던 새끼도 이제 몇 마리 보이지 않았다. 오래되지 않은 도둑갈매기 새끼의 사체 하나가 가는 길에 남아 있었다.

2월 25일, 캠프지에 왔을 때는 대부분의 펭귄이 떠나고 뒤늦게 털갈이 중인 백여 마리의 아델리펭귄들만 남아 있었다. 9일이 지난 오늘, 그중 대다수가 떠나고 이제는 손으로 셀 수 있을 정도의 펭귄만이 번식지 한쪽 구석에 남아 있었다. 소수의 무리가 자신의 몸에서 오래된 깃털이 떨어져 나가기를 기다리고 있었다. 이 펭귄들도 조만간 번식지를 떠나 바다를 유랑할 것이다. 그리고 다시 남극에 여름이 찾아오면 어김없이 해빙을 건너 번식지로 돌아올 것이다. 공사를 하는 도중에 잠깐 시간을 내어 남아 있는 펭귄들을 보고 오는 일은 하나의 즐거움이 되었다. 펭귄들이 떠난 번식지는 적막함만 남아 있었다. 시끄러웠던 번식기의 모습이 신기루처럼 겹쳐 보였다.

2월 말에는 한밤중이 되어도 여명이 남아 있어 많이 어둡지 않았다. 마지막 캠프를 준비하면서 정호성 박사님이 전구를 준비하라고 했다. 혹시나 모를 밤을 대비하자는 것이다. 4개월 동안 여름이면 백야인 남극에서 지내다 보니 어둠이 온다는 것을 생각하기는 쉽지 않아 그때는 설마 필요하겠나 하는 생각을 했다. 그런데 3월 초가 되자 해가 산을 넘어갔다. 아침에 언덕 뒤에서 나타난 해는 하늘로 떠오르지 못하고 지평선 위에서 흘러가다 다시 언덕 뒤로 사라졌다. 장보고기지보다 훨씬 북쪽에 위치한 케이프할렛에서 해는 잠깐이지만 모습을 감추게 되었다. 그리고 밤이 되자 어둠이 찾아왔다. 미리 전등을 준비하지 않았다면 밤에 밥을 해 먹는 것도 어려웠을 것이다. 남극 경험이 많은 정 박사님 덕분에 큰 고생을 줄일 수 있었다.

바야흐로 남극에 겨울이 도래하고 있었다. 장보고기지에서는 해가 사라질 때까지 좀 더 시간이 걸리겠지만, 4월이 되면 해가 전혀 뜨지 않고 어둠이 계속되는 흑야가 시작될 것이다. 그리고 거짓말처럼 황제펭귄들은 해빙을 거슬러 밤의 남극으로 번식을 위해 찾아올 것이다. 정 박사님은 운이 좋다면 이곳에서 오로라를 볼 수도 있을 거라는 얘기를 했다. 장보고기지보다 이곳이 오로라가 나타나기 더 좋은 장소라고 했다. 남극을 8번이나 다니면서(이후 한 번 더 다녀와서 총 9번이 되었다.) 오로라를 볼 것을 기대하지는 못했다. 언제나 백야 기간에만 남극에 머물렀기 때문이다. 텐트에 자리 들어가면서 어두운 밤하늘을 바라보았다. 하늘엔 어둠이 찾아와야만 볼 수 있는 반짝이는 별 몇 개가 떠 있었다. 혹시 오로라가 있지는 않을까 한참을 서서 지켜보았지만, 기대처럼 오로라가 나타나지는 않았다.

 온도계를 보진 않았지만 기온은 급격히 낮아져 충분히 영하 20도 이하는 되는 것 같았다. 얼어서 부석거리는 침낭 안에 핫팩 두 개를 밀어 넣고 몸을 누였다. 끔찍하도록 차가운 느낌이 몸을 타고 전해졌다. 하지만 침낭 안이 체온으로 금방 따뜻해질 것을 알고 있다. 침낭 안에 몸을 누이고 손도 보이지 않을 정도로 어두운 텐트 천장을 바라보며 오로라를 상상하다 보면 중간에 깨지 않고 잘 수 있을 것 같았다.

그해 여름은 춥지 않았다

남극에도
따뜻한 날은
있다

2017년 케이프할렛에서의 캠프는 익숙해지지 않는 추위와 싸우는 시간이었다. 텐트 안에서 일어나 침낭 밖으로 나가는 일이 죽을 것처럼 고통스러웠다. 자다가 소변이 마려워 눈을 뜨고 나서도, 참을지 지옥 같은 침낭 밖으로 나가야 할지 한참을 망설여야 했다. 얼어붙어 바스락 소리가 나는 작업복을 몸에 걸치면 냉기가 뼛속까지 밀려들어 왔다. 땡땡 얼어 있는 신발도 발을 밀어 넣기 어려웠다.

    온도가 급격하게 내려간 새벽에는 텐트벽에 얼어붙은 성에가 눈처럼 내렸다. 답답해 침낭 밖으로 얼굴을 내밀면 차가운 공기가 침낭 안으로 훅 들어오고, 작은 얼음 조각들이 얼굴에 내려앉았다. 자러 들어갈 때와 아침에 나올 때가 하루 중 가장 힘든 시간이었다. 자는 도중 다섯 번 이내로 깨는 날은 그나마 추위가 덜한 날이었다. 추위 때문에 한 시간에도 여러 번 눈이 떠지는 날도 허다했다.

답답해 침낭 밖으로 얼굴을 내밀면 차가운 공기가 침낭 안으로 훅 들어오고, 작은 얼음 조각들이 얼굴에 내려앉았다.

그러나 2018년은 춥지 않았다. 침낭 밖에 나와도 딱히 춥다는 생각이 안 들고 결정적으로 신발이 얼어 있지 않았다. 자면서 침낭의 지퍼를 내리고 자도 별로 춥지 않고, 아침에 침낭 밖으로 나와도 강렬한 햇빛에 텐트 안에 온기가 돌았다. 바람 없이 맑은 날에는 작업복 안에서 땀이 흘렀다. 이런 날에는 가벼운 옷으로 갈아입고 다시 나갔다. 계속 따뜻한 날만 계속된다면 얼마나 좋을까.

남극 내륙에서 여러 번의 캠프를 경험한 안전 요원인 서명호 강사님은 그곳에서의 캠프에 대한 경험을 들려주었다. '최저'도 아닌 '최고' 온도가 영하 25도인 곳에서 침낭 안에 들어가도 한 시간 넘게 추위에 떨었다고 한다. 우리보다 두꺼운 침낭을 쓰는데, 침낭의 내한 온도(겉옷 또는 다운 재킷을 입고 텐트 내에서 견딜 수 있는 온도)가 영하 40도라고 했다. 경험해 본 바로 그 온도는 영하 40도 내에서 '따뜻하게 잘 수 있는 온도'가 아니라 단지 '견딜 수 있는 온도'인 것 같다고 했다. 핫팩 여러 개를 뜯어 침낭에 넣고 뜨거운 물을 물병에 담아 안고 잤는데, 첫날에는 하나의 물병을 들고 갔다가 하나씩 늘어 일주일 정도 지난 후부터는 물병을 네 개씩 들고 침낭 안에 들어갔다고 했다. 그 얘기를 들으니 이번 캠프는 그리 추운 편도 아니라는 생각이 들었다. 하지만 정도의 차이일 뿐, 추위는 남극을 여러 번 다녀도 도통 익숙해지지가 않았다.

남극을 다니기 전 겨울을 좋아했다. 겨울의 차가운 공기와 맑은 하늘, 그리고 추워지면 날아드는 겨울 철새들을 만날 수 있기 때문이다. 쌍안경을 들고 집 근처 하천에만 나가도 다양한 오리들과 겨울 철새들을 만날 수 있었다. 추위에 오들오들 떨 때도 있었지만 어디든 건물 안에만 들어가면 금방 몸을 덥힐 수 있고, 추운 날 먹는 어묵 국물은 또 얼마나 맛있는가. 그 당시엔 여름과 겨울 중 어느 계절을 더 좋아하느냐고 물으면 대답은 생각할 필요도 없이 겨울이었다. 하지만 남극을 다니게 된 이후에는 그 물음에 고민을 하게 된다. 2018년 한국의 여름은 유난히 더웠다. 한밤에도 30도가 넘는 기온 때문에 잠들기도 힘들 정도였다. 그러나 "더위 때문에 죽겠다!"라는 말은 진짜 죽을 것 같았던 지난겨울의 남극 캠프에 비하면 농담 정도로밖에 생각되지 않았다.

남극에서 번식하는 동물들도 온도에 민감하다. 바람이 없고 따뜻한 날에는 새끼들이 둥지 밖으로 나와 바닥에 누워 자거나, 더워서 입을 벌리고 열기를 내뿜었다. 추운 날에는 아직 어린 새끼를 키우는 펭귄과 도둑갈매기가 둥지에서 새끼들을 품고 바람을 막아 주었다. 거의 다 자란 새끼들은 추운 날에는 자기들끼리 모여 몸을 맞대고 서로 체온을 나누었지만, 따뜻한 날에는 모여 있지 않고 번식지 여기저기에 널브러져 있었

날씨가 좋은 날
새끼 도둑갈매기는 둥지를 벗어나
병아리처럼 아장아장 걸으며
돌 틈 사이를 돌아다녔다.

다. 도둑갈매기도 마찬가지다. 날씨가 좋은 날 새끼 도둑갈매기는 둥지를 벗어나 병아리처럼 아장아장 걸으며 돌 틈 사이를 돌아다녔다. 보호색을 띤 새끼들은 일부러 찾지 않으면 잘 보이지 않을 정도로 꼭꼭 숨어 있고, 둥지에 머무는 일이 별로 없었다. 그러나 밤이 찾아와 기온이 내려가면 둥지로 돌아와 어미의 날개 품에 들어가 밤의 추위를 견뎠다. 어미는 둥지에서 꼼짝 않고 새끼를 품어 주었다. 날갯죽지 사이로 고개만 내민 새끼들을 보면 집에 있는 아이가 떠올랐다. 자기 새끼를 위해 헌신하는 모습은 사람, 펭귄, 도둑갈매기에 차이가 없다.

남극을 여러 해 다녀 보니 같은 달이라도 매년 날씨가 달랐다. 세종기지에서 보낸 2011년은 상대적으로 여름철 기온이 높고 바람이 적게 분 반면, 2012년에는 기온이 낮고 바람이 많이 불었다. 해마다 눈이 쌓이고 녹는 면적도 차이가 났는데, 한 해는 여름 동안 기지 주변에 눈이 거의 남아 있지 않았다가도 다음 해에는 대부분의 지역이 눈에 묻혀 있다가 1월이 되어서야 녹기도 했다. 세종기지 월동대에게 들으니 매년 바다가 어는 것도 차이가 있다고 했다. 정확하지는 않지만 격년 단위로 바다가 어는 해가 있고, 얼지 않거나, 어는 면적이 적은 해가 있다고 했다. 장보고기지 주변도 마찬가지로 해에 따라 추위의 정도나 날씨의 변덕이 차이가 있는 듯했다.

춥지 않다고 했지만 기온이 영상으로 올라간 날은 없었다. 다만 2017년에 비해 맑은 날이 많고 바람이 적게 부니 상대적으로 따뜻하게 느껴졌다. 여전히 바람이 많이 부는 날에는 손이 곱아 일을 하기 어려울 정도고, 아침에는 코털이 얼 정도로 공기가 차가웠다. 앞으로도 여러 번의 캠프가 남아있다. 따뜻한 날이 많았으면 좋겠다고 생각했다.

남극의 여름은
한국의 겨울보다 따뜻하다

굳이 말하자면,
기온은
그렇다만

2018년, 한국에서는 연일 혹한이 계속되고 있다는 뉴스가 남극까지 들렸다. 철원은 영하 25도 이하로 내려갔다느니, 남극보다 춥다느니 하는 이야기들이 한국에서 유행하는 모양이다.

처음 남극에 가게 되었을 때 주변 사람들이 걱정을 많이 했다. 그 추운 곳에서 몸 성하게 잘 지내고 오라는 인사는 아직까지도 계속되고 있지만, 솔직히 그에 대한 답변을 할 때마다 뒤통수가 간지럽다. 사실 처음 방문한 남극세종기지는 그렇게 춥지 않았기 때문이다. 북반구와 반대로 남반구는 여름인데다가 세종기지는 아남극권에서도 끝에 위치해 있어 12월부터 2월까지는 그다지 춥지 않은 시기다. 심지어 1월 이후에는 낮 기온이 영상인 날이 더 많기도 했으며, 바람이 없는 날은 겉옷을 다 벗고 있어도 딱히 춥다는 생각이 들지 않았다. 물론 세종기지는 연중 바람이 세게 불어 체감 온도는 상당히 낮은 편이긴 하지만 한국에서 들려오는 최강 한파라든가, 영하 20도라든가 하는 정도에는 미치지 못했다. 기온만 놓고 본다면 세종기지 하계 기간 동안의 기온은 서울의 겨울 기온보다 높으리라. 비록 지인들이 갖고 있는 얼음의 땅 남극에 대한 이미지를 깨지 않기 위해 특별한 첨언을 하지는 못했지만 말이다.

그래도 한 가지 설명하자면 세종기지는 기온은 높을지언정 정말 추운 곳이다. 날씨가 좋으면 매일 야외에서 하루 종일 있어야 하는데, 남극에는 추위를 피해 숨을 만한 장소가 없다. 처음 세종기지에 방문했을 때 밖에서 서너 시간씩 일하다가 손이 얼어붙어 바람이 안 부는 곳을 찾아다닌 적도 있다. 펭귄 마을에서 큰 바위 뒤에 딱정벌레처럼 웅크리고 붙어 바람을 피하는 인간을 상상해 보라. 그러나 바위 뒤에 숨어도 바람은 피할 수가 없었고, 몸은 덜덜 떨려 왔다. 특히 돌아다니면서 일하는 경우에는 그나마 몸에서 나오는 열로 버틸 만했지만, 펭귄을 측정한다거나 가만히 앉아서 몇 시간을 일하는 경우에는 말로 하기 어려울 정도로 추울 때가 많았다. 스스로 추위에 강한 편이라고 생각했고 제일 좋아하는 계절도 겨울이었는데, 남극을 다니기 시작하면서는 그런 생각이 바뀌었다. 여름엔 아무리 더워도 죽을 것 같지는 않았지만 대피할 곳 없는 남극에서 느끼는 추위는 정말 죽을 것 같았다.

세종기지 이후 처음으로 장보고기지에 갔을 때는 이곳이 진짜 남극일 거라는 기대와 걱정이 있었다. 남위 62도의 세종기지보다 높은 남위 74도의 장보고기지는 얼마나 추울까 하는 생각이 들었다. 게다가 방문 시기도 11월 초였기 때문에 훨씬 추울 것이라는 것은 쉽게 예상할 수 있는 일이었다. 도착했을 때의 한낮 기온은 영하 10도 이하였고, 밤중에는 영하 20도 넘게 기온이 내려갔다. 정말 남극이라는 생각이 들었다. 그래도 바람이 거의 불지 않아서일까, 세종기지보다 크게 춥다는 생각은 안 들었다. 바람이 있고 없고의 차이가 생각 외로 엄청났다. 장보고기지 체류 도중 약한 바람이 이틀가량 불었을 때 정말 손가락이 떨어져 나갈 정도로 추웠다. 물론 캠프를 해 보고 생각이 다시 바뀌었지만, 그래도 장보고기지의 첫인상은 그렇게 춥지만은 않았다. 세종기지는 남극반도의 끝에 위치해 있어 대기가 불안정하다. 그러나 장보고기지는 위도가 높아 대륙성 고기압의 영향이 강한 덕에 바람이 적게 분다.

장보고기지로의 세 번째 방문 만에 처음으로 12월부터 3월까지의 날씨를 겪어 보게 되었다. 그때까지 장보고기지는 기온이 영상으로 올라간 적이 없었으나 이번 방문에서 낮 최고 기온은 영하 3도, 최저 기온은 영하 8도 정도다. 2018년 2월의 서울 기온이 영하 10도 이하라고 하니 남극보다 서울이 춥다는 것은 거짓말이 아닐 것이다. 물론 장보고기지가 그렇다는 말이지, 남극 전체를 말하는 건 아니다. 남극 내륙은 지금도 영하 20도가 넘는 곳이 많다.

아직 2월과 3월의 날씨를 체험해 보진 못했지만, 예전 기록으로 미루어 보면 2월 중순부터는 한국보다 훨씬 추워질 듯하다. 여름이 끝나고 가을, 겨울로 접어드는 장보고기지는 수시로 초속 10m 이상의 강풍이 불고, 하루 평균 기온도 영하 15도 이하로 내려갈 것이기 때문이다.

일주일 정도가 지나 2월 초가 되자 낮 최고 기온도 영하 8도로 내려가고, 최저 기온은 영하 13도 이하로 내려가고 있었다. 바람도 연일 초속 10m 이상 불고 있다. 추워서 잠깐 외출하는 것도 어려워져 버렸다. 이미 남극의 여름이 끝나고 가을로 접어든 느낌이다. 'Winter is coming.' 남극의 겨울이 오고 있다.

역사가 녹은 빙하를 마신다

역사를
맛보다

2018년 11월 24일, 드디어 경비행기 배슬러가 장보고기지에 왔다. 하늘길이 오랜만에 활짝 열려 장보고기지가 위치한 빅토리아랜드(Victoria Land) 전체에 구름 한 점 없는 날씨다. 캠프지로 떠나려면 이런 날을 놓쳐서는 안 된다. 아침부터 부지런히 짐을 활주로에 옮겼다. 서명호 강사님과 나는 조종사 칼의 헬기를 타고 먼저 캠프지로 출발하고, 나머지 인원과 뉴질랜드 연구 팀은 맥머도기지(McMurdo Station)에서 출발하는 경비행기를 타고 이동하기로 했다. 캠프지까지는 헬기로 약 두 시간 반 정도가 걸리고 경비행기로는 한 시간이면 가는 거리다. 경비행기가 도착해도 헬기가 없으면 해빙 활주로에서 캠프지까지 인원과 화물을 옮길 수 없다. 서 강사님과 함께 화물들을 헬기에 싣고, 서둘러 출발했다. 다른 사람들은 경비행기가 기다리는 해빙 활주로에 설상차를 타고 출발했다.

헬기는 빙하 지대와 해빙 위를 날아 북쪽 캠프지 방향으로 향했다. 중간 급유지인 마리너데포(Mariner Depot, 기름을 넣을 수 있는 경유지를 보통 'Depot'라 부름)에 들러 헬기에 주유를 하고 서둘러 다시 출발했다. 헬기에는 최대 300리터 정도의 기름을 넣을 수 있는데, 가득 넣게 되면 속도가 떨어지고 화물을 싣는 데 문제가 있어 적당히 기름을 넣고 가다가 중간 급유지에서 필요한 만큼만 보충해 날아가는 것을 선호한다. 일찍 출발한다고 했는데, 두 시간을 날아 캠프지가 멀리 보이는 곳에 도착하니 해빙 위에는 벌써 경비행기 배슬러가 도착해 있었다. 우선 캠프지로 이동해 싣고 온 짐을 내리고, 헬기는 곧바로 배슬러가 있는 곳으로 이동했다. 지난해 구축한 캠프지는 다행히 큰 문제없이 잘 있다.

헬기는 여러 번에 걸쳐 사람과 짐을 수송하고 우리는 다시 바쁘게 짐을 캠프지로 옮겼다. 어느 정도 정리가 되자 조종사 칼이 식수를 만들 빙하를 캐러 가자고 했다. 캠프 출발 전에 빙하를 캐러 가야 한다고 말해 놓았는데, 정신없이 짐을 정리하며 잊고 있자 칼이 상기시켜 준 것이다. 캠프지는 아쉽게도 해안가에 위치해 있고 펭귄 번식지가 가까워 주변의 눈을 녹여 먹기가 어렵다. 지난 번 캠프 때 주변 눈을 퍼다 녹여서 먹어 봤는데 물맛에 느끼하고 짭조름한 맛이 섞여 있었다. 펭귄 번식지에서 가깝다 보니 번식지의 흙이나 배설물이 날아올 가능성도 높아 위생에도 좋지 않다고 생각했다.

그래서 헬기 조종사에게 부탁해 인근 빙하 지대에서 빙하를 캐다 먹어 봤는데 눈보다 효율도 좋고 물맛도 훨씬 좋았다. 눈은 큰 가방 하나를 가득 채워 녹여도 물이 얼마 안 만들어지지만 빙하는 거의 동일한 양이 나오는 데다 맛까지 괜찮아서 그 이후로 매번 빙하를 캐다 식수로 이용하고 있었다. 일본에서는 얼음 대신 빙하를 넣은 술을 비싼 값에 판매를 하기도 한다는데, 그 귀한 빙하를 식수로 이용하고 있는 것이다.

빙하 속에는 수천 년 전의 공기 알갱이들이 빼곡히 들어 있어 물에 넣으면 공기 방울이 톡톡 올라왔다. 이런 이유로 빙하는 고기후(古氣候, 기상 관측망 확립 이전의 역사 시대 및 지질 시대의 기후) 연구의 재료로도 이용되고 있다. 역사를 먹는 맛이라고 좋아하는 사람도 있지만, 무슨 성분이 들어 있을지 모르기 때문에 꺼리는 사람들도 있었다. 빙하를 녹인 물속에는 불순물이 많이 들어 있어서 필터와 간이 정수기로 걸러서 먹었다.

조종사 칼과 빙하 지대에 도착해 커다란 빙하 하나를 골라 도끼로 잘게 자른 다음 그물망에 옮겼다. 11명의 인원이 열흘 가까이 지내야 하는 만큼 빙하도 많이 필요했다. 그물망 가득 얼음을 싣고 기지로 돌아왔다. 서 강사님은 얼음을 녹여 식사 준비를 시작했고 나머지 인원들은 짐을 정리하며 내일 시작할 조사를 준비하고 있었다. 바람이 불지 않고 햇빛이 강렬해

빙하 속에는 수천 년 전의 공기 알갱이들이 빼곡히 들어 있어
물에 넣으면 공기 방울이 **톡톡** 올라왔다.

전혀 춥다는 생각이 들지 않았다. 칼은 서둘러 기지 방향으로 돌아갔다. 모든 인원이 함께 텐트를 쳤다. 서 강사님이 저녁을 삼겹살로 준비해 술도 한잔 곁들였다. 뉴질랜드의 크레이그 박사님이 와인 한 병을 가져와 따라 주며 올해 합동 캠프가 무탈하게 끝나기를 기원했다.

케이프할렛 캠프에 1년 만에, 아니 8개월 만에 다시 돌아왔다. 1년이 순식간이다. 캠프지 앞에는 여전히 그림 같은 남극의 풍경이 펼쳐져 있었다. 진짜 남극이 이런 느낌일까? 현실감이 둔해지는 비현실적인 광경이다. 밤이 늦도록 해는 지지 않았다. 백야로 심야에도 환한 텐트 안 침낭에 누웠다. 멀리서 아델리펭귄들의 울음소리가 들려왔다. 다음 날부터는 펭귄을 보러 가게 될 것이다. 약간 설레는 마음이 들었다.

남극의 화산이 살아 있다

끓는
물 주전자의
수증기처럼

1차 캠프를 마치고 장보고기지에 복귀한 다음날이었다. 통신실에 올라갔더니 사람들이 통신실 밖에 모여 산 쪽을 바라보고 있었다. 무슨 일이 있나 싶어 가 보니 멀리 보이는 멜버른 산(Mount Melbourne)에 수증기가 올라온다며 사진을 찍고 있었다. 간혹 수증기가 올라오는 것은 알고 있었지만 대규모로 올라오는 일은 흔하지 않다는데, 산 위에는 끓는 물 주전자의 수증기처럼 엄청난 양의 수증기가 구름이 펼쳐지듯 올라오고 있었다.

장보고기지에서 북쪽으로 약 35km 떨어진 멜버른 산은 높이 2,732m의 활화산이다. 남극에는 많은 활화산이 있는데, 그 중에서도 멜버른 산은 왕성하게 활동하는 화산으로 알려져 있다. 장보고기지의 날씨가 좋은 날에는 어느 곳에서도 잘 보이는 산이다. 멜버른 산은 약 2,000년 전에 마지막으로 폭발했다고 하는데, 기지에서 가까운 화산이다보니 극지 연구소에서도 매년 모니터링을 하고 있다.

처음 장보고기지에 방문했던 2014년, 황제펭귄 번식지에서 돌아오는 길에 멜버른 산의 정상부를 지나갔던 적이 있었다. 산 정상부에는 여러 개의 수증기 구멍이 있었고 작게나마 수증기가 올라오는 것을 볼 수 있었다. 살아 있는 화산의 상공을 날고 있다고 생각하니 등골이 쭈뼛하면서도 짜릿한 기분이 느껴졌다. 간혹 사람들과 "화산이 폭발한다면 어떻게 될까?" 하는 소리를 하기도 했는데, 가까운 곳에 살아 있는 화산이 있다는 것만으로도 사람들의 흥미와 관심을 유발하게 되는 것 같다.

미국 맥머도기지와 뉴질랜드 스콧기지가 위치한 빅토리아랜드 남단의 로스(Ross) 섬에는 멜버른 산보다 유명한 에러버스 산(Mount Erebus) 화산이 있다. 올해 같이 연구했던 뉴질랜드 연구자인 크레이그 박사님은 몇 년 전 이 산의 정상부를 가 볼 기회가 있었는데, 운 좋게도 용암이 흐르는 것을 보고 왔다고 한다. 평소에는 엄청난 수증기 때문에 분화구 내부를 보기가 쉽지 않은데, 그날은 운 좋게도 수증기의 양이 많지 않아 바닥까지 보였다고 한다. 용암이라. 그 살아 있는 불을 마주하면 어떤 기분일까를 상상해 본다.

수증기가 멜버른 산 위에 솟구쳤던 당시에 타임랩스 카메라도 산 방향으로 설치해 보았다. 비록 대규모 수증기는 지나간 후였지만, 산 정상부에서 적게나마 수증기가 지속적으로 올라오는 모습을 볼 수 있었다. 지나가다 만난 헬기 조종사 칼에게 다음번 케이프할렛 캠프에 갈 때는 멜버른 산 정상부를 지나갈 수 있겠냐고 물었다. 칼은 흔쾌히 수락했다. 수증기에 대한 얘기를 했더니 올해도 벌써 여러 번 지나가다가 보았다고 했다. 벌써부터 기대가 되었다.

남극에는 많은 활화산이 있는데,
그 중에서도 멜버른 산은
왕성하게 활동하는 화산으로 알려져 있다.

미지의 땅 남극을 비행하다

빙하와 펭귄의
운명이
다르지 않다

여느 때처럼 하늘은 구름 한 점 없이 맑은 날이었다. 한국에서는 보기 힘든 진한 파란색의 하늘이다. 장보고기지에서 케이프할렛 캠프지까지는 헬리콥터로 두 시간 반 정도 날아가야 한다. 헬기의 진동과 소음에 귀가 먹먹했지만 그것도 잠시, 금세 적응되어 백색 소음에 잠드는 아이처럼 졸음이 몰려왔다. 헬기는 미끄러지듯 천천히 대륙 위를 날고 있었다. 헬기 아래로 펼쳐지는 눈과 얼음의 풍경들이 조금씩 바뀌어 갔다. 다신 오지 못할 것처럼 카메라를 들이대고 사진을 찍어 보았지만 뷰파인더에 보이는 모습은 실제 풍경을 채 반도 담아 내지 못했다. 돌아가서는 후회할 터이지만, 일단은 눈에 담아 두기로 하고 카메라를 내려놓았다.

수만 년에 걸쳐 쌓이고 다져진 얼음은 천천히 바다로 흘러내린다. 경사지의 얼음들은 쪼개져 무서운 입구를 드러내었다. 무수하게 갈라진 크레바스(Crevasse, 빙하가 갈라져서 생긴 좁고 깊은 틈) 사이로 하늘보다 진한 파란색이 모습을 드러내었다. 누구도 닿지 않은 미지의 땅. 그 위를 헬리콥터는 무심한 듯 흘러갔다.

높게 솟은 봉우리 주변으로 일부 검은색 땅도 보였지만 남극은 대부분 빙하와 눈으로 덮여있다. 남극 대륙은 99%가 얼음으로 덮여 있고 이 얼음의 평균 두께는 약 1.9km에 달한다. 공기 중의 수분조차도 얼어버린 남극은 사막으로 분류될 정도로 건조하다. 그렇지만 남극의 얼음은 전 세계 민물의 80%를 저장하고 있다. 그야말로 얼음의 왕국이다.

어떻게 보면 인간의 영향이 전혀 없을 것 같지만 전 세계에서 기후 변화가 가장 빠르게 진행되고 있는 곳이 바로 남극이다. 남극 반도의 일부 지역은 겨울철 평균 기온이 5~6도나 높아졌다고 한다. 남극의 기온이 올라가 빙하가 녹아내리면 해수면이 상승하고, 그로 인해 어떤 재앙이 닥칠지는 아무도 모를 일이다. 남극의 해안가에서 빙하를 바라보면 바다로 무너져 내리는 빙하를 심심치 않게 볼 수 있었다. 불과 몇 년 만에 줄어들어 버린 세종기지 앞 빙벽을 바라보면 안타까운 마음이 들었다. 빙하는 무수한 세월 속에서 만들어졌지만, 그 무수한 세월이 사라지는 것은 순식간이었다. 빙벽에서 떨어져 나온 빙하의 조각들은 바다를 떠돌다 녹아 사라질 것이다.

무수하게 갈라진 크레바스 사이로
하늘보다 진한 파란색이 모습을 드러내었다.
누구도 닿지 않은 미지의 땅.
그 위를 헬리콥터는 무심한 듯 흘러갔다.

헬기는 한참을 날아 케이프할렛에 도착했다. 바닷가의 끝에 붉은 바닥의 펭귄 번식지가 펼쳐져 있었다. 남극 같은 극한의 환경에서도 아델리펭귄들은 적응해 살아가고 있다. 정적인 빙하와는 반대로 펭귄 번식지에서는 활기가 번져 왔다. 펭귄 번식지 뒤편으로 끝없이 펼쳐진 남극 대륙이 겹쳐졌다.

캠프지 반경 300km이내에 사람은 우리가 유일하다. 남극에서 생활하는 한동안은 나도 남극의 일부가 된 것이다. 하지만 이곳은 인간의 땅이 아니다. 연구자들이 떠나고 나면 이곳은 다시 빙하와 펭귄의 땅으로만 남아있을 것이다. 빙하의 운명과 펭귄의 운명은 서로 다르지 않다. 이 대륙이 오랫동안 지금 상태로 남아있기를 기원했다.

얼음 동굴 만들기

남극에서
이글루를
체험하다

 2018년 11월, 장보고기지 바로 뒤 족구장에는 많은 눈이 쌓여 있었다. 5m는 족히 넘어 보이는 눈 산 때문에 그 아래 족구장이 있었던 것도 모르는 대원들이 많았다. 첫 번째 남극 캠프를 마치고 돌아와 휴식을 취하며 다음 캠프 준비를 하고 있던 어느 날, 서명호 강사님이 삽 한 자루를 들고 그 눈 산 아래를 파기 시작했다. 얼음 동굴을 만들어 보자고 했다. 깊게 뚫어서 안에서 고기도 구워 먹고 침낭을 가져와 이글루 체험도 하자는 것이다. 농담 삼아 개미굴처럼 만들어 여러 개의 방을 만들자고 제안했다. 실제로 얼음 동굴을 완성하지는 못할 거라고 생각했다. 다른 사람들의 반응은 아랑곳하지 않고 서 강사님은 묵묵히 삽과 곡괭이로 눈을 파기 시작했다.

 장보고기지에 블리자드가 불면 바람이 산 위에 쌓인 얼음 알갱이를 눈처럼 날려 낮은 곳으로 옮긴다. 단단하게 얼은 눈 알갱이들은 이미 눈이라 부르기 어려울 정도의 얼음 조각 같다. 바람 부는 날 밖에 나가 이런 눈을 맞으면 차가운 모래에 맞는 것 같은 고통이 느껴졌다. 얼음 알갱이는 온몸 구석구석으로 파고들어 기지에 복귀한 후에는 한동안 얼음 조각을 털어 내야 했다. 그런 얼음 알갱이가 쌓인 눈 산은 위에 올라가 뛰어도 3cm도 들어가지 않을 만큼 단단하다.

서 강사님이 한 시간 넘게 굴의 입구를 만들고 있어 옆에서 거들었다. 삽을 들고 눈을 파 보니 일반 눈이 아닌 탓에 삽이 잘 들어가지 않는다. 힘을 주어 내리찍어야 겨우 작은 얼음 덩어리가 떨어져 나갔다. 10분도 안 되어 팔이 저려 왔다. 이런 눈을 한 시간 넘게 파고 있는 서 강사님이 대단했다. 금방 포기하고 밖으로 나와 떨어진 눈 조각들을 밖으로 치웠다. 다른 일로 잠시 자리를 비웠던 박명희 총무님이 돌아와 얼음 동굴로 들어갔다. 팀에서 '체력' 하면 박 총무님을 따라올 사람이 없다. 이후부터 서 강사님과 박 총무님이 번갈아 굴을 파기 시작했다.

첫날, 입구만 겨우 만들어진 굴은 다음날 한 사람이 들어갈 정도로 깊어져 있었다. 나도 틈이 날 때마다 가서 도왔다. 지나가는 사람들도 한 번씩 들러 구경하고는 완성되면 초대해 달라고 했다. 헬기 조종사들도 관심을 보이며 나중에 침낭을 가져와 자도 되느냐고 물어봤다. 장비가 하나둘씩 늘어나더니 이젠 드릴과 여러 개의 삽, 망치 등 이용할 수 있는 장비들

마침내 그럴듯한 얼음 공간이 완성되었다.
안에 들어가 앉아 보니 아늑하고 좋았다.

은 다 꺼내 와 효율적으로 굴을 파는 방법이 없는지 실험하기 시작했다. 여러 번의 시도 끝에 우선 드릴로 얼음같이 단단한 눈 벽에 구멍을 여러 개 내놓고, 이후 삽으로 쳐서 퍼내는 게 그나마 가장 빠른 방법임을 알게 되었다. 그 과정에서 다른 팀의 드릴 하나가 고장 나는 바람에 한국에 돌아가 수리해 주기로 했다.

중간 중간 인익스프레시블 섬과 케이프워싱턴 황제펭귄 번식지에 조사를 다녀오고, 기지 뒷산 도둑갈매기가 많이 찾아오는 호수에도 카메라 장비를 설치해 두었다. 조사 후 남는 시간에는 팀원 모두가 돌아가며 굴 파는 일을 도왔다. 사흘 정도 지나니 모양새가 나오기 시작하며 겨우 5~6명 정도가 들어가 앉을 수 있는 공간이 만들어졌다. 눈 산의 바닥은 이미 얼음이 되어 있어 더 파기 어려웠다. 개미굴을 만들자는 계획은 결국 포기하고 팀원들이 다 들어가 앉을 정도의 공간만 정리해서 회식을 하기로 했다. 그리고 마침내 그럴듯한 얼음 공간이 완성되었다. 안에 들어가 앉아 보니 아늑하고 좋았다. 끼어 앉으면 최대 10명 정도는 앉을 수 있는 공간이었다. 저녁 시간에 친한 월동대와 하계대 몇 명을 초대하고, 캠프 장비에서 돗자리와 버너, 식기와 캠프 식량으로 가져온 고기를 꺼내 함께 동굴 안에서 고기를 구웠다. 다들 남극에서 맞는 신기한 경험에 즐거워했다. 만들어 놓은 얼음 동굴은 우리 팀뿐만 아니라 다른 팀과 월동대도 이용했다. 서로 음식을 챙겨와 안에 앉아 나눠 먹으며 시간을 보냈다.

하지만 아쉽게도 2차 캠프를 다녀온 사이에 얼음 동굴은 사라져 있었다. 눈이 너무 높게 쌓여 있어서 바람이 많이 불 때 건물에 영향을 미칠 수 있어 포클레인으로 눈을 치웠다고 한다. 장보고기지는 눈이 많이 오는 것을 대비해 바닥에서 3m쯤 공중에 띄워 눈이 흐를 수 있도록 설계되었는데, 눈 산이 그 길을 가로막아 자꾸 눈이 더 쌓이게 되고 결국 건물을 덮을 수도 있다는 것이다.

포클레인으로 눈 산을 치운 중장비대원 현수 형도 치우면서 아쉬워했다고 말했다. 남극에 여러 번 다니면서도 이런 걸 만들어 본 건 처음인데, 그 안에 들어가 자 보지 못한 것이 후회되는 순간이었다.

아름다운 악취의 번식지

냄새의
기억은
오래 남는다

로스해로 조사지를 옮기면서 가장 궁금했던 지역은 케이프어데어(Cape Adare)였다. 뉴질랜드 연구 팀과 1차 캠프를 함께했는데, 그들이 가장 가고 싶어 하는 장소가 바로 케이프어데어였다. 아무래도 뉴질랜드에서 남극으로 직선을 그었을 때 가장 가까운 지역이 바로 케이프어데어이기 때문일 것이다. 케이프어데어는 로스해에서도 가장 큰 아델리펭귄 번식지다. 20만 쌍이 넘는 아델리펭귄들이 이곳에서 번식하고 있다.

2017년에는 우리 연구 팀이 뉴질랜드 연구 팀과 함께 케이프어데어에 가서 항공 사진도 찍어와 사진으로 보았지만, 사진만으로는 그 규모를 짐작하기는 어려웠다. 2017년에는 헬기 탑승 인원이 한정되어 있고 장비도 가져가야 해서 가지 못했는데, 2018년에는 뉴질랜드 연구자와 장비가 많지 않아 나에게도 기회가 왔다. 기대되는 마음으로 시료 채집 장비를 챙겨 헬기를 탔다. 하얀 영구 해빙을 건너 끝없이 펼쳐진 남극 대륙의 경관을 보면서 도착한 케이프어데어는 말 그대로 장관이었다. 길이 1.5km 정도 되는 삼각형 모양 땅 위에 수많은 펭귄 둥지가 내려다보였다. 깎아지른 듯한 언덕 위까지 펭귄들의 둥지가 빼곡히 자리 잡고 있었다. 거의 수직에 가까운 그곳까지 어떻게 펭귄들이 매일 오르내리며 번식하는 건지, 새삼 대단하게 느껴졌다.

헬기는 번식지에서 1km가량 떨어진 해빙 위에 착륙했다. 번식지로 걸어가는 도중부터 펭귄들의 울음소리가 들려왔다. 어릴 적 고향 마을에 봄이 되면 개구리 울음소리가 밤새 시끄러웠는데, 펭귄들의 울음소리가 마치 그때의 개구리 소리처럼 들렸다. 케이프어데어의 뒤편으로 길게 뻗은 절벽과 그 위에 쌓여 있는 빙하의 모습은 현실적이지 않았다.

날씨가 좋아 춥지는 않았지만, 기온은 영하 7도 이하였다. 번식지로 가까이 갈수록 펭귄의 배설물 냄새가 진하게 퍼져왔다. 주변의 깨끗한 풍경과는 어울리지 않는 심한 냄새에 머리가 아플 지경이었다. 번식지로 들어서자 그 이유를 금세 알 수 있었다. 케이프어데어 사이사이의 골짜기에는 수십 개의 호수가 있었는데, 그 호수는 모두 배설물이 모여서 생긴 호수였다. 아무리 기온이 낮아도 여름 동안에는 미생물이 번식하게 되고, 결국 호수의 물이 썩어 냄새가 진동을 한 것이다.

뉴질랜드 크레이그 박사님에게 듣기론 여름철에는 이곳에서 캠프를 하다가 센 바람이 불면 배설물 호수의 물이 날려 텐트를 뒤덮기도 하고, 호수가 불어나 이동할 때 무릎까지 빠지기도 했다고 한다. 캠프지로 나가면 씻지도 못하는데 배설물을 뒤집어쓴 상태로 캠프 기간 내내 생활하는 것은 상상만 해도 아찔한 상황이다. 캠프를 출발하기 전에 기지에서 크레이그 박사님이 장화를 빌려줄 수 없겠냐고 물었던 기억이 났다. 케이프어데어에 왔을 때 그처럼 배설물 호수가 흐르고 있으면 장화가 필요할 것 같았다. 이날은 케이프어데어뿐만 아니라 주변의 아델리펭귄 번식지를 서너 군데 더 가야 해서 시간이 많지 않았다. 얼른 시료 채집을 마치고 크레이그 박사님의 장비 설치를 도왔다.

헬기에 올라 번식지를 떠나면서도 실감이 나지 않았다. 이 아름다운 경치에 이런 냄새라니… 지표면의 99%가 얼음으로 덮인 남극에서 토양이 노출된 곳은 극히 일부이다. 황제펭귄을 제외한 모든 펭귄은 땅 위에서 돌을 물어다 둥지를 만들기 때문에 번식기에 눈이 덮인 곳에는 펭귄의 번식지가 없다. 이곳은 강한 바람과 독특한 지형으로 여름 동안 눈이 쌓이지 않기 때문에 펭귄에게는 번식지로 좋은 조건일 것이다. 케이프할렛도 이곳과 마찬가지로 여름 번식 기간에는 지표면 위로 눈이

헬기에 올라 번식지를 떠나면서도 실감이 나지 않았다.
이 아름다운 경치에 이런 냄새라니…

덮이지 않는다. 펭귄들은 강한 바람이 불어 나가는 골짜기 끝에 위치해 있어 눈이 모두 날려가고 지표면이 노출된 곳을 번식지로 선택한 것이다. 로스해에 분포하는 아델리펭귄의 번식지는 대부분 비슷한 지형이다. 케이프어데어에 배설물이 쌓여 썩어 가고 있더라도 이렇게나 많은 아델리펭귄이 번식지로 이용할 수 있는 다른 장소는 아마도 찾기 어려울 것이다.

로스해 최대의 아델리펭귄 번식지를 하늘에서 내려다보았다. 셀 수 없이 많은 아델리펭귄의 둥지가 끝없이 펼쳐져 있었다. 마음속으로 펭귄들에게 응원을 보냈다. 다시 이곳에 돌아올 수 있을지 장담할 수 없다. 일생일대의 경험은 번식지의 강렬한 냄새와 함께 기억에 남았다.

무너진 텐트 살리기 대작전

남극에서는
무슨 일이
생길지 모른다

2018년 케이프할렛에서의 펭귄 번식 조사는 1월 말 3차 캠프로 마무리되었다. 그리고 약 한 달이 지난 2018년 2월말, 우리 팀은 다시 캠프 장비를 헬기에 싣고 케이프할렛으로 향했다. 이번 남극 출장의 가장 큰 임무인 장기 캠프지 설치를 위해서다. 지난여름 동안 한국에서 열심히 준비한 캠프 시설물이 아라온호에 선적되어 케이프할렛 앞바다에 도착해 있었다. 아라온호는 일정이 정해져 있기 때문에 오래 머무를 수 없다. 배의 물건을 캠프지로 옮길 수 있는 시간은 단 하루도 되지 않았다. 날씨라도 나빠 헬기가 뜰 수 없는 날이었다면 캠프지 설치는 내년으로 미뤄야 할지도 모를 일이었다.

하루하루 마음을 졸이며 좋은 날씨가 찾아오길 기다렸다. 신이 도왔는지 출발일에 하늘길이 파랗게 열렸다. 힘든 마지막 캠프가 되겠지만 케이프할렛으로 향하는 헬기에 오를 때는 약간 설레기도 했다. 빠르면 일주일, 늦어도 열흘 안에는 설치를 마치고 기지로 복귀할 예정이다. 더 늦게 되면 출남극 일정에 차질이 생길 수도 있었다. 남극은 바야흐로 여름을 지나 가을로 접어들었다. 기온이 급속도로 낮아져 1월 말에 영상 가까이 기록되던 기온이 밤이면 영하 20도까지 낮아졌다. 바람과 함께 눈이 오는 날도 많아졌다. 더 날씨가 나빠지기 전에 빨리 복귀하는 것이 최선이다.

두 시간 정도를 날아 케이프할렛에 거의 도착하자 멀리 앞바다에 아라온호가 보였다. 아라온호는 해빙 사이에 갇혀 움직이지 않고 있었다. 다른 헬기에 타고 있는 정호성 박사님이 아라온호의 길을 안내하기 위해 배가 있는 방향으로 날아갔다. 무전을 통해 아라온호와 통신하는 목소리가 들려왔다. 헬기는 바로 케이프할렛 캠프지로 향했다. 아라온호가 캠프지 근처에 도착하면 헬기를 이용해 캠프지로 짐을 나를 예정이다. 그 전에 캠프지 자리를 정리하며 기다리기로 했다. 그런데 멀리서 바라본 캠프지의 모습이 무언가 이상했다. 지난 캠프를 마치면서 텐트 세 동을 그대로 세워 놓고 왔는데, 멀리서 보니 큰 텐트 두 개가 찌그러진 모습이었다. 불안감이 엄습했다.

헬기에서 내려 다가간 캠프지는 처참한 모습이었다. 돔 텐트와 인듀어런스 텐트 두 개 동이 완전히 무너져 있었다. 텐트 천이 갈기갈기 찢어져 있었고, 내부에 넣어 놓은 짐들은 여기저기 흩어져 있었다. 다행히 폴라 텐트 한 동은 멀쩡했지만, 장기 캠프 건물이 들어서기 전까지 돔 텐트와 인듀어런스 텐트가 가장 중요한 건물이라 망연자실할 수밖에 없었다. 자외선이 강한 남극에서 한 달 넘게 세워진 텐트의 천이 삭아 버려 강한 바람이 불 때 무너진 것 같았다. 천이 매우 두꺼운 폴라 텐트는 그나마 모양을 유지하고 있었지만, 그마저도 원래의 선명한 파란색이 아닌 하늘색으로 바래 있었다. 무너진 두 개 텐트의 색도 원래의 선명한 색이 아니었다. 이런 일을 예상하지 못한 것이 낭패였다.

돔 텐트는 팀이 가진 텐트 중 가장 큰 텐트로, 식당이기도 하며 잡다한 생필품을 보관하는 곳이다. 이 텐트가 없으면 조리, 식사, 휴식을 할 수 있는 마땅한 곳이 없다. 영하 20도까지 떨어지는 곳에서 중요한 쉼터를 잃은 셈이다. 인듀어런스 텐트는 숙소 텐트로 활용할 목적이었다. 텐트의 가격도 만만치 않지만, 가격은 생각도 되지 않을 정도로 막막했다. 그나마 숙소로 이용할 수 있는 폴라 텐트는 여유 있게 가져온 터라 인듀어런스 텐트의 손실은 넘길 수 있다지만, 돔 텐트 없이는 캠프 자체가 어려운 상황이었다.

이리저리 흩어져 있는 짐들을 챙겨 한곳에 모아 두었다. 당장은 할 수 있는 것이 없었다. 아라온호는 캠프지 인근까지 다가와 있었다. 헬기가 이륙해 아라온호로 향했다. 건물 설치를 도와줄 새로운 팀원 세 분이 먼저 헬기를 타고 캠프지로 넘어왔다. 짧은 인사를 나눈 후 헬기 두 대가 달고 온 화물을 내려놓고 고정 줄을 다시 헬기에 걸어 주는 작업을 했다. 배가 케이프할렛 바로 앞까지 다가와 준 덕에 작업은 생각보다 오래 걸리지 않았다. 헬기는 세 시간 만에 모든 물품을 내려놓고 곧장 기지를 향해 떠났다. 아라온호는 앞바다에서 오늘 밤을 보내고 내일 오전 떠나기로 했지만, 헬기가 떠난 이후라 이동 수단이 없어 배에 오를 수는 없었다.

이제 캠프지에는 우리만 남은 셈이다. 모든 팀원이 머리를 맞대고 이 상황을 어떻게 할지 생각했다. 벌써 저녁을 먹을 시간이 넘었고, 기온은 급속도로 떨어지기 시작했다. 기술자인 정인택 반장님과 박명희 총무님이 부서진 돔 텐트를 수리해 보자고 했다. 다른 대안이 없어 바로 작업을 시작했다. 먼저 텐트 아래의 짐들을 모두 밖으로 꺼내고, 찢어진 텐트 천을 조심스럽게 한쪽에 모았다. 돔 텐트 천장에 덧대는 지붕 부분은 완전히 찢어진 탓에 사용하기 어려워 한쪽에 치워 놓았다. 텐트 지지대들을 모두 한곳에 모아 멀쩡한 것과 부러진 것을 나누었다. 가장 긴 지지대 세 개만 있어도 텐트 모양을 어느 정도 유지할 수 있을 텐데, 세 개 중 두 개가 부러진 상황이었다. 짧은 지지대 중에 없어도 괜찮은 부분을 가져와 부러진 긴 지지대에 부목으로 대고 테이프와 로프로 칭칭 감았다. 텐트 천의 찢어진 부분을 테이프로 붙이고 지지대를 넣어 텐트 모양을 잡았다. 테이프와 로프로 텐트를 고정하자 얼추 찌그러진 돔 형태가 되었다. 바닥에 텐트를 고정하고 로프를 활용해 잡아 줄 수 있는 부분은 잡아서 고정했다. 건물 외관을 완성하는 데 3일 정도가 걸린다고 하니 우선 3일만 버티면 된다.

시간은 금세 흘러 주변이 어두워지고 있었다. 텐트 안에 식기와 장비들을 다시 배치하고 저녁 식사를 준비했다. 텐트에 들어가 보니 여기저기 찢어진 누더기 텐트지만 며칠은 버틸 수 있을 것 같았다. 가스난로를 피우자 금세 온기가 느껴졌다. 그제야 무거웠던 마음도 누그러졌다. 남극에서는 모든 일이 도전이고, 쉬운 일이 없다. 그래도 죽으란 법은 없다. 기술자들이 있어 마음이 든든했다.

다음 날, 안심한 우리를 비웃기라도 하듯 무너져 가는 초가집 같은 돔 텐트에 최악의 상황이 닥쳤다. 눈이 내리기 시작한 것이다. 그것도 남극에서 보기 어려웠던 함박눈이다. 강한 바람이 불지 않은 것은 다행이지만 이런 함박눈이 쌓이면 텐트가 무게를 버티지 못할 것이다. 건물의 기초 작업을 하면서 수시로 텐트에 쌓인 눈을 털어 냈다. 야속하게도 눈은 한밤중까지 그치지 않았다. 불안해서 늦게까지 잠자리에 들지 못하고 텐트의 눈을 털어 냈다. 불침번을 정한 것도 아닌데 모두 같은 마음으로 한 명씩 돌아가며 새벽까지 텐트에 쌓인 눈을 털었다. 어렵게 살려 낸 텐트를 잃을 수는 없었다. 한 치 앞도 알 수 없는 남극의 자연은 도착한 날 날씨가 좋았던 행운에 대한 값을 받아 내기라도 하듯 시련을 주었다.

 눈은 다음날 오전까지 내리고 그쳤다. 그사이 텐트는 많이 느슨해졌지만 끝내 폭설을 버텨 냈다. 안전 요원 관재와 얼기설기 묶어 놓은 텐트의 고정 끈들을 다시 당겨 주고, 당김줄 몇 개를 더 매달아 보강해 놓았다. 눈이 더 내리지 않기만을 바랄 수밖에 없었다.

 남극에서는 어떤 일도 확신하지 말고, 예상하지 말라는 말이 있다. 외국 연구자들도 습관처럼 "Nobody knows(아무도 몰라)."를 얘기했다. 남극에서는 무슨 일이 생길지 모르기 때문에 항시 대비하라는 말이다. 남극의 자연 앞에서는 늘 겸손해질 수밖에 없었다.

바람뿐인 남극의 어느 새벽에

펭귄들의 울음소리가
바람과
섞이는 날

바람이 불어 텐트가 들썩거리는 소리에 잠에서 깼다. 잠이 든 지 두 시간쯤 지난 새벽 두 시. 예보에서 강한 바람은 없을 거라고 했다. 문득 밖에 내놓은 신발이 걱정된다. 귀찮지만 신발을 들여놓으려고 침낭 지퍼를 내렸다. 임완호 감독님이 몸을 일으키며 말을 걸었다.

"바람이 부네."

"네, 부네요. 지난번 캠프 때는 그렇게 원해도 안 불더니…"

"카메라를 세워 두었는데 어쩌나."

"그러게요."

임 감독님도 바람 소리에 깨 버린 모양이다. 2017년 캠프 때 임 감독님이 내내 바람 부는 남극의 풍경을 찍고 싶다고 했는데 기간 내내 바람이 불지 않아 찍지 못했다. 신발을 들여놓는데 감독님이 옷을 챙겨 입고 있었다. 카메라를 챙기러 나가는 김에 잠깐 촬영도 하고 오신단다. 한쪽에 놓여 있는 카메라의 메모리 카드를 감독님께 건네주었다. 혹시나 하는 마음에 무전기는 켜 두시라고 말한 다음 충전 중인 다른 무전기도 켜 두었다.

"여기는 바람뿐인데 펭귄 쪽은 눈도 날리네."

"조심히 다녀오세요."

"그래."

대답 소리와 함께 발소리가 멀어졌다.

바람이 더 거세지고 있다. 부다다다 하는 발전기 소리가 휘이이잉 바람 소리에 묻혔다. 관재도 눈을 떠 둘러보고 준서는 소변이 마렵다고 일어난다. 침낭 안에 다시 누웠지만 이미 깨 버린 잠이 쉽게 찾아올 리 없다. 멀리서 들려오는 펭귄 울음소리에 발전기 소리, 그리고 바람 소리가 어우러졌다. 바람 부는 남극의 밤이다.

한 시간 넘게 바람이 그치지 않는다. 텐트 줄은 튼튼한지, 날아가는 것은 없는지 걱정이 되었다. 감독님은 언제 오시나. 음악을 들어 볼까 싶어 이어폰을 끼고 휴대폰에 저장해 놓은 피아노 연주곡을 틀었다. 잔잔한 피아노 소리에 바람 소리가 어우러졌다. '나가 봐야겠다.'라고 생각한 건 음악이 세 곡쯤 재생된 후였다. 바지를 입고 가져온 모든 겉옷을 걸쳤다. 허기가 져 과자 하나를 입에 넣고 찬 콜라를 마셨다. 바람은 텐트를 무너뜨릴 기세로 불었다. 날린 눈에 바깥 짐들이 묻혀 있어 큰 돌을 몇 개 주워 눌렀다. 펭귄 번식지에 감독님은 보이지 않았다. 바람이 해빙 위의 눈을 쓸고 지나가고 수평선엔 노을이 보였다. 햇무리에 작은 무지개 두 개가 떠 있었다. 펭귄들도 삼삼오오 바위 뒤와 눈 산 사이의 공간에 모여 바람을 피하고 있었다.

한 시간쯤 둘러보다 무전기를 안 가져온 것을 후회했다. 올해 남극에 온 뒤로 가장 강한 바람이지 싶다. 길이 엇갈린 걸까. 감독님이 복귀하셨길 바라며 캠프지에 돌아왔지만 아직 복귀하기 전이었다. 어디 계셨지? 감독님에게 무전을 치고 기다리니 복귀 중이라는 답신이 왔다. 다행이다. 마음속에 있던 일말의 불안이 사라졌다. 시계는 벌써 새벽 네 시를 가리키고 있었다.

선잠이 들었다가 바람 소리에 계속 잠에서 깼다. 감독님은 이후로도 한참을 들어오지 않았다. 아침이 다 되어서야 밖에서 인기척이 느껴졌다.

"이제 오세요?"

"오다가 펭귄들을 만나서 좀 더 촬영하다 보니 늦어졌네. 아직도 안 자고 있었어? 나 때문에 괜히 잠 깨웠구먼."

"아니에요. 바람 소리에 깼어요."

완전히 잠이 깨 옷을 챙겨 입고 밖으로 나왔다. 장비들이

펭귄들도 삼삼오오 바위 뒤와 눈 산 사이의 공간에 모여 바람을 피하고 있었다.

눈에 묻혀 있어 대충 치우고 발전기의 기름을 보충했다. 그 후엔 감독님과 촬영 얘기를 나눴다. 밤사이 바다 얼음들이 몰려와 펭귄 번식지 앞을 가로막은 탓에 펭귄들이 얼음 위를 이리저리 움직이는 모습을 촬영하고 오셨다고 했다.

바람은 조금 약해졌지만 여전히 눈을 몰고 바다로 흘러가고 있었다. 오늘은 조사하기 힘들 것 같았다. 멀리서 펭귄들의 울음소리가 바람 소리에 섞여 들려 왔다. 밤을 새운 임 감독님은 아침을 건너뛴다고 말하고 침낭에 들어갔다. 할 일이 없어진 나도 다시 침낭에 들어갔다. 바람 부는 남극의 밤이 지나가고 아침이 오고 있었다.

인간이 두고 간 이상한 번식지

쓰레기 사이에
둥지를 지은
펭귄들

케이프할렛에서 번식하는 펭귄들은 대부분 평지보다는 언덕에 번식지를 형성한다. 이곳은 바람이 세서 일 년 중 대부분의 경우 눈이 쌓이지 않는다. 그런 이유로 땅에서 번식하는 펭귄들이 언제부턴가 이곳을 계속 찾고 있는 것이다. 아델리펭귄이 번식하기 위해서는 눈 없는 맨땅이 드러나야 한다. 그러나 지표면의 99%가 눈과 얼음으로 덮인 남극에서 맨땅이 드러난 지역은 흔하지 않기 때문에 약간 높은 지역에 둥지를 틀수록 눈에 의한 피해를 줄일 수 있다. 그래서 펭귄들은 대부분 언덕 지역에 모여서 번식하고 평지에는 거의 둥지를 짓지 않는다.

케이프할렛 끝부분에는 약간 이상한 번식지가 있다. 이곳에는 무언가 자연적이지 않은 언덕이 여러 개 만들어져 있고, 펭귄들은 이 자연스럽지 않은 둔덕에 자연스럽게 번식지를 형성하고 있다. 자료를 찾아보니 다른 언덕보다 높이가 높고

케이프할렛 끝부분에는 약간 이상한 번식지가 있다.
이곳에는 무언가 자연적이지 않은 언덕이 여러 개 만들어져 있고,
펭귄들은 이 자연스럽지 않은 둔덕에 자연스럽게 번식지를 형성하고 있다.

바닥에 바위가 많이 섞인 이 둔덕들은 사람에 의해 만들어진 인공 언덕이었다. 케이프할렛은 1957년부터 1973년까지 미국과 뉴질랜드에 의해 기지가 운영되던 곳이다. 이 이상한 언덕 번식지는 바로 그 기지 건물이 위치하던 곳이었다. 기지가 철수한 후 1984년에서 1986년 사이에 건물들을 철거하고 주변 정리를 했는데, 이때 아델리펭귄들의 번식 장소를 확보하기 위해 인공 둥지를 만들어 두었다고 한다. 처음 기지가 생성될 때 불가피하게 많은 둥지를 밀어내고 기지를 지었던 장소에 다시 인공 둥지 장소를 제공한 것이다. 지금도 이 이상한 언덕 주변으로는 과거 건물의 바닥 형태가 남아 있는 곳이 많다. 인공적으로 만든 언덕이지만 눈이 쌓이지 않기 때문에 펭귄들의 번식지가 된 것이었다.

비록 펭귄에게 좋은 번식지로 이용되고 있긴 하지만 씁쓸한 마음도 들었다. 인공 언덕 내부에 굴러다니는 각종 쓰레기 때문이다. 녹슬어 가는 드럼통과 쇠막대기 같은 쓰레기를 그대로 묻어 언덕을 만들었다. 펭귄들은 그런 쓰레기 사이에 둥지를 짓고 있었다. 기록에는 기지 철수 후 여러 차례 정리 작업을 했다고 되어 있었지만, 케이프할렛 곳곳에는 여전히 수없이 많은 인간의 흔적이 남아 있었다.

이곳에 번식하는 도둑갈매기의 둥지도 마찬가지다. 처음 케이프할렛에 방문했을 때 캠프지 주변 곳곳에서 돌무덤을 여러 개 볼 수 있었다. 당시에는 무엇인지 몰랐는데, 한 달쯤 지나 그 돌무덤의 정체를 알 수 있었다. 도둑갈매기들이 그 돌무덤 뒤에 둥지를 만들었던 것이다. 자세히 보니 몇 개의 돌무덤에는 페인트로 적힌 숫자도 볼 수 있었다. 과거에 이곳에서 도둑갈매기 모니터링을 할 때 인위적으로 둥지 자리에 표지 겸 바람을 막을 수 있도록 돌무덤을 쌓아 준 것 같았다. 평지가 많은 케이프할렛에 사는 도둑갈매기들은 눈이 오거나 바람이 불면 온몸으로 맞을 수밖에 없다. 인공적인 돌무덤은 도둑갈매기 둥지에 부는 바람을 막아 줘 도둑갈매기가 번식하는 데 도움을 주었을 것이다.

2018년 11월 캠프 당시 10개의 텐트를 해안가에 설치했다. 주변에서 주워 온 큰 돌들로 텐트를 고정했는데, 텐트를 철거할 때 돌은 그 자리에 그대로 두고 기지로 복귀했다. 그리고 2차 캠프를 왔을 때 재밌는 광경을 볼 수 있었다. 텐트를 누르기 위해 가져다 놓은 큰 돌 뒤에 도둑갈매기가 둥지를 만든 것이다. 아마도 도둑갈매기의 눈에는 바람을 피할 수 있는 큰 돌 뒤가 훌륭한 둥지 장소로 보였을 것이다. 덕분에 기존에 만들어 놓은 텐트 자리를 이용하지 못하고 그 둥지에서 멀리 떨어진 곳에 새로운 텐트 자리를 만들어야 했다. 사람들이 자주 다니는 길목에 둥지가 위치하다 보니, 지나갈 때마다 도둑갈매기가 경계음을 냈다. 그런데 이틀이 지나니 지나가도 본체만체한다. 사람이 지나가도 소리 내지 않고 가만히 지켜보고만 있다. 물론 둥지 주변에 가까이 가지 않고 멀찍이 떨어져서 다니긴 했지만, 처음에는 계속해서 경계음을 내던 녀석이 이제는 소리를 내지 않는다. 아마도 녀석은 어느 정도의 시간이 지난 후 우리가 자기들에게 큰 위협이 되지 않는다는 것을 느낀 모양이다.

인간이 남극에 오면서 남극의 자연이 훼손되고 있다. 많은 관광객, 그리고 우리 같은 연구자들이 남극에 오게 되면 그곳에 살고 있는 생물들은 많든 적든 영향을 받을 수밖에 없다. 의도했든 의도치 않았든 사람들의 방문으로 인해서 자연에 교란이 나타날 수 있는 것이다. 남극에서 활동할 때는 항상 동물들에게 영향을 최대한 끼치지 않도록 노력하곤 하지만, 그래도 사람 때문에 놀라거나 경계 반응을 하는 녀석들은 있을 수밖에 없다.

연구자들도 언제나 딜레마에 빠지곤 한다. 펭귄을 만나러 갈 때마다 조금이나마 녀석들에게 영향이 덜 가게 행동하도록 마음을 다잡고, 동물들이 무사히 번식을 마쳐 새끼들과 바다로 나가길 기원했다. 펭귄 번식지에서 조사하는 내 모습을 유심히 지켜보던 뉴질랜드 크레이그 박사님이 어느 날 저녁

"펭귄들이 당신을 신뢰하고 있는 것처럼 보였다."라고 말해주었다. 그간의 노력이 조금이나마 반영된 것 같아 기분이 좋았다. 하지만 반대로 사람들이 연구하고 난 뒤에 동물들에게 인위적인 영향이 남는 건 아닌지 걱정도 되었다. 케이프할렛 곳곳에 남겨진 과거 기지 운영의 흔적들을 볼 때마다 타산지석으로 삼게 된다.

남극에선 드론도 길을 잃는다

쉬운 일이
하나도
없다

우리나라 연구 팀은 2015년부터 드론을 활용해 펭귄 둥지 수를 세고 있다. 세종기지에서는 매년 펭귄 마을의 전체 펭귄 둥지 수를 눈으로 직접 세고, 각 번식 집단의 모양은 GPS를 활용해 발로 걸으며 그렸다. 세종기지 인근 펭귄 마을의 펭귄 둥지 수는 젠투펭귄, 턱끈펭귄을 합쳐 약 5천 개 정도다. 많아 보이지만 하루면 족히 셀 수 있는 숫자다. 장보고기지로 연구 무대를 옮긴 뒤 2년 동안도 세종기지와 마찬가지로 직접 눈과 발로 펭귄 둥지 수를 세었다. 하지만 더 이상 이 방법을 계속 유지할 수 없다는 결론을 내렸다. 케이프할렛은 아델리펭귄 둥지 수가 거의 5만 쌍에 이른다.

2016년 처음 케이프할렛에 방문했을 때는 드론 촬영과 더불어 직접 눈과 발로 둥지 수를 세고 번식 집단 지도를 그렸지만, 둥지 수를 세는 일만 세 명이 5일 넘게 진행해야 했다. 그러나 드론은 이런 일을 단 한 시간 만에 해냈다. 물론 이후 사진을 보며 둥지 숫자를 세어야 하는 건 마찬가지지만 현장에서 세는 것보다 오차가 적고 시간이 적게 걸린다. 때문에 이곳 캠프에서는 드론이 필수가 되었다. 펭귄 번식기 초반, 중반, 후반에 드론 촬영으로 둥지 수의 변화와 번식 성공률을 손쉽게 얻을 수 있게 된 것이다. 그러나 드론을 활용하는 일도 만만치는 않다. 남극은 지구의 끝에 위치해 있다 보니 간혹 드론이 GPS 정보를 잃어버리고 추락하는 일이 많다. 최근에는 그나마 드론 기술이 좋아져 그런 일이 적지만, 불과 2년 전만 해도 드론 추락 사고가 빈번히 일어났다.

 2012년경 세종기지에 드론을 처음 가져온 일본 팀은 가져온 드론 세 대를 모두 하늘에 띄워 보냈지만 단 한 대도 돌아오지 않았다. 한 대당 1억이 넘는 가격의 무인기가 모두 돌아오지 않은 사고를 겪은 후 연구자들은 망연자실해 빈손으로 귀국할 수밖에 없었다. 그 이듬해에는 다른 팀에서 세종기지에 드론 두 대를 가져온 적이 있다. 불행히도 이 두 대 모두 비행 후 추락하는 사고를 당했고, 그중 한 대는 바다에 추락해 데이터와 장비가 모두 사라져 버렸다. 그 후로 연구소에서는 드론 비행에 관련한 규정을 만들어 지키게 하고 있고, 특히나 헬기 근처에서는 드론의 비행을 금지시키거나 헬기 조종사의 허락 하에 비행하도록 하고 있다. 자칫 조종을 이탈한 드론이 헬기나 장비에 부딪히면 큰 사고로 이어질 수 있기 때문이다.

물론 2018년 당시의 기술로도 남극에서 드론을 문제없이 날릴 수 있다고 보장은 못 하지만, 남극에서의 드론 사용 빈도는 급격하게 늘고 있다. 손쉽게 고화질 항공사진을 얻을 수 있고, 헬기보다 값이 싸며 응용 분야에 따라 무궁무진한 연구 결과를 얻을 수 있기 때문이다. 우리 연구 팀도 현재 가진 드론만 해도 대형 두 대, 소형 한 대, 고정익 한 대로 총 네 대이고, 뉴질랜드 팀이 가진 한 대까지 이곳 캠프에만 총 다섯 대가 운용 중이다.

우리 팀은 펭귄 번식지에서의 드론 활용에 대한 실험을 계획했는데, 실험 장비가 늘어나자 또 예상치 못한 어려움이 생겼다. 장비들의 배터리를 충전해야 한다는 것이다. 사람마다 소지하고 있는 휴대폰, 노트북, 카메라, 위성 전화, 무전기 등 다양한 전자 장비는 충전이 필요하다. 인원이 많다 보니 수십 개의 장비를 매일 충전할 필요가 있어 발전기가 쉴 틈이 없다. 그나마 2018년 캠프에는 태양열 발전기를 설치해 상황이 좋은 편이다. 캠프 건물 내 테이블에는 수많은 연구 장비들이 충전 중이고, 이런 장비 없이는 연구가 어렵기 때문에 필수적이기도 하다.

드론에 대한 펭귄의 반응 연구를 위해서는 총 네 대의 드론이 모두 충전되어 있어야 하고, 펭귄의 행동을 기록하기 위한 카메라도 여러 대 필요하다. 거기에 드론과 펭귄의 소음을 측정할 소음 측정기가 추가된다. 이 모든 장비가 충전되어 있어야 한 번의 실험이 가능하다. 만약 실험 중에 이 장비 중 하나라도 배터리가 떨어지면 그 장비가 충전될 때까지 기다릴 수밖에 없었다.

모든 준비를 마치고 실험에 나섰지만 문제는 또 여러 군데에서 발생했다. 드론 한 대가 외부에서 GPS 신호를 받지 못하는 것이다. 그 드론은 나중에 추가 실험을 하기로 하고, 다른 드론을 먼저 실험했다. 그런데 그 사이 카메라들의 배터리가 이미 방전되어 버렸다. 할 수 없이 충전을 위해 철수할 수밖에 없었다. 남극의 추위 때문에 한국보다 배터리가 훨씬 빨리 방전되어 버린 것이다. 이 문제를 해결하기 위해 얘기를 나누던 중 서명호 강사님이 좋은 아이디어를 냈다. 각자 가지고 있는 휴대폰의 보조 배터리를 카메라에 붙여 두자는 것이었다. 모두들 개인적으로 가지고 있는 보조 배터리를 작은 가방에 담아 카메라에 걸어 두자 배터리 사용 시간이 크게 늘어났다.

모든 장비 충전 후 다시 나갔는데 이번에는 뉴질랜드 연구팀의 드론이 갑자기 추락했다. 알 수 없는 이유로 드론이 날지 못하고 곤두박질 친 것이다. 몇 가지 수리를 거쳐 사용에는 지장이 없도록 고쳤지만, 우리 팀의 실험이 위축될 수밖에 없었다. 다행히도 한 번의 실험은 무사히 마칠 수 있었다. 그러나 정확한 결과를 위해 두 번의 실험을 더 해야 한다. 거기다 펭귄은 번식 단계마다 행동이 달라지기 때문에 매번 반복 실험이 필요하다. 한 번의 실험에도 이만큼 어려웠는데 앞으로 남은 실험을 생각하니 까마득하다. 장비들로 인해 편해진 만큼 어려운 일도 많아졌다. 실로 쉬운 일이 없다.

뚜벅이 연구자의 발을 대신하다

남극기지의
탈것들

장보고기지에 처음 온 것은 2014년이었다. 당시에는 황제펭귄과 아델리펭귄 번식지의 시료 채집을 위해 약 2주간 짧은 방문을 했었는데, 그때 처음 헬기를 타 볼 수 있었다. 장보고기지 주변에서 가장 가까운 펭귄 서식지도 직선거리로 10km가 넘고 해양으로는 이동이 어려워 헬기가 유일한 이동 수단이었다.

처음 헬기를 탈 때는 약간의 설렘과 긴장으로 서두르다 보니 실수도 많이 했다. 펭귄 서식지에 방문해서 시료 채집을 마치고 돌아오는 길이었다. 무전으로 헬기를 불러 놓고 펭귄 서식지에서 1km 이상 떨어진 헬기 착륙지까지 가려다 보니 마음이 급했다. 해빙 위 눈길을 숨 가쁘게 걷는 동안 황제펭귄들은 줄을 지어 따라오고, 멀리서는 헬기 소리가 들려 와 안 그래도 급한 마음이 더 급해졌다. 간신히 시간에 맞춰 도착한 후에도 서둘러 행동하다가 무릎을 헬기에 쿵하고 찧었다. 기지로 복귀하는 동안 창피해서 아프단 소리도 못하고 입으로 새어 나오는 신음만 악 물어 참았다. 다행히 큰 부상은 아니었지만, 그다음부터는 아무리 급한 순간이더라도 천천히 행동하게 되었다. 가장 안전한 행동이 가장 빠른 행동이라는 걸 한 번의 아픔을 겪고서야 배운 것이다. 그 이후로는 처음 헬기를 타는 사람이 있으면 서두르지 말고 차근차근하라고 얘기해 주곤 한다.

헬기를 타면 기막힌 남극의 풍경을 볼 수 있어 좋기도 하지만, 한 시간쯤 지나면 졸음이 쏟아진다. 일명 '백색 소음'에 속하는 헬기의 규칙적인 프로펠러 소음 때문이다. 또 헬기 앞자리는 좌석 천장이 유리로 되어 있어 햇볕에 그대로 노출된다. 따뜻한 햇볕과 백색 소음을 온몸으로 맞다 보면 고개를 이리저리 꺾으며 조는 게 일상이다.

첫 캠프 때 헬기 조종사인 에디에게 혹시 조종사들도 운행 중 졸음이 오냐고 물어본 적이 있다. 에디는 웃으며 자기도 간혹 졸리기도 해서 운행 중에 음악을 틀어 놓는다고 한다. 그러고 보니 몇몇 헬기 조종사와 헬기를 탈 때 우리 헤드폰에서도 알지 못하는 뉴질랜드 음악이 흘러나왔던 게 생각났다. 에디는 헬기를 타는 승객의 대부분이 잔다며 웃었다. 자동차 운전과 큰 차이가 없는 듯했다. 헬기 뒷좌석에 타면 편하게 자도 괜찮은데, 앞좌석에 탔을 땐 졸음이 몰려오는 순간이 참 난감하다. 조종사가 옆에 있는데 동승자가 자고 있으면 보기에도 좋지 않고, 안전에도 문제가 있을 수 있기 때문이다. 이후로는 가능한 한 카메라를 들고 타 영상을 촬영하면서 졸음을 이겨내고 있다. 무언가에 집중하고 있으면 그나마 덜 졸리니까.

장보고기지와 다르게 세종기지에는 헬기가 없다. 대부분의 연구자가 기지 주변에서 샘플을 얻는 세종기지에서는 주요한 이동 수단 중 하나가 조디악 보트다. 우리 팀도 조디악 보트를 자주 이용했는데, 보트에 타고 바다를 건너갈 때면 파도를 타는 스릴과 검은 바다의 공포감이 동시에 느껴졌다. 바람이 전혀 없는 날은 얼음 위를 날아가는 것처럼 부드럽게 나아가는 경우도 있으나, 세종기지는 바람이 없는 날이 거의 없어 그런 경우는 많지 않다.

보트를 타고 가다 보면 간혹 물에서 헤엄치는 펭귄을 만나기도 한다. 한번은 펭귄이 보트 위에 올라온 적도 있다. 표범물범을 피해 달아나던 펭귄이 보트 위로 올라온 것이다. 불행히도 당시 사진은 찍지 못했다. 같이 일하던 후배가 배를 타고 나갔을 때는 고래도 만났다. 바로 옆에서 고래가 등을 올리는 바람에 보트가 파도에 크게 밀렸다고 한다. 조금만 옆에서 올라왔으면 보트가 뒤집힐 뻔한 아찔한 경험이었지만 그때의 감흥은 잊을 수 없다고 말했다.

 남극기지의 육상에서는 도보로 이동하는 경우가 대부분이지만 간혹 눈이 많이 쌓여 있는 시기에는 설상차를 이용할 때도 있다. 속도가 좀 느리긴 해도 걷는 것보다는 훨씬 빠르고 사람이 타는 곳이 따로 있어 따뜻하게 이동할 수 있다. 다만 울퉁불퉁한 지역을 지날 때는 로데오를 타는 것처럼 엉덩이가 들썩거린다. 설상차 뒤에는 약 10명 정도가 탑승할 수 있지만 장보고기지에서 해빙이 녹기 전인 11월에는 더 많은 짐과 사람을 태우기 위해 커다란 트레일러를 끌고 다니기도 한다. 사람들이 한꺼번에 남극에 들어올 때는 모든 인원과 화물을 헬기로 나를 수 없기 때문이다. 헬기로는 5분도 걸리지 않을 거리를 덜컹거리며 한 시간 가까이 타고 가야 하지만 나름대로 운치가 있다. 설상차 안에서 다른 연구원들이나 외국에서 온 과학자들과 이런저런 얘기를 하다 보면 가는 길이 심심하지 않다.

 세종기지에서는 눈이 적어 하계 연구 기간에 설상차를 운행할 일이 많지 않으나 2013년 하계 기간에는 설상차를 주기적으로 운행한 적이 있다. 기지가 위치한 바톤 반도 반대편에 넘어가서 일을 해야 하는데, 걸어가면 두 시간이 넘게 걸리고 조디악 보트는 날씨로 인한 제한이 있어 설상차를 자주 운행

장보고기지에서의 일들은
아무래도 이러한 탈것들을 이용하지 않고
할 수 있는 게 많지 않다.

한 것이다. 당시 몇 번 이용해 본 바로는 사람들과 옹기종기 뒷좌석에 앉아 이동하며 주변을 구경하는 건 좋았지만, 바닥이 패인 곳에 빠진 설상차가 빠져나오는 데 꽤 오래 걸린 탓에 마음을 졸였던 기억이 난다.

남극기지에 다니면서 뉴질랜드에서 제공하는 경비행기인 트윈오터와 배슬러를 타고 조사지까지 이동한 적도 있다. 이 비행기들은 50년도 넘는 할아버지 비행기였는데, 아직까지도 현역으로 뛰고 있다고 하니 대단하다는 생각이 들었다. 장보고기지에서의 일들은 아무래도 이러한 탈것들을 이용하지 않고 할 수 있는 게 많지 않다. 뉴질랜드, 미국, 이탈리아 등 로스해 주변에서 오랜 시간 동안 연구했던 나라들과의 협업이 그래서 더욱 중요하다.

머지않아 중국이 장보고기지에서 약 30km 떨어진 인익스프레시블 섬에 기지를 짓는다고 한다. 몇 년 후부터는 중국 연구자들과도 공동 연구를 하게 될 수도 있을 것이다. 어쩌면 중국 쇄빙선인 설룡호를 타고 남극에 들어오거나, 중국 헬기를 타고 조사지로 이동할지도 모르는 일이다. 아시아에서 가장 가까운 나라인 중국과 이곳 남극에서도 이웃으로 함께 연구할 날도 멀지 않았다. 그날을 기다리게 된다.

아빠는 매년 남극으로 떠났다

열 밤만 자고
돌아온다던
거짓말을 반복하며

한국을 떠나온 지 벌써 3달이 지나자 가족들이 극심하게 그리웠다. 그렇지만 출남극까지는 아직 두 달이 더 남은 시기였다. 케이프할렛 3차 캠프를 마치고 기지에 복귀한 첫날 밤, 피곤하면서도 잠이 잘 오지 않아 잠을 설쳤다. 아침에 눈을 떴을 때 몸은 천근만근이었지만 침대에 누워 있고 싶지 않아 일찍 일어나 아침을 먹고 커피 한 잔을 내려 마셨다. 한국에 있었으면 아이를 데리고 어딘가 무작정 나갔을 텐데… 아이와 아무데나 가서 소소한 놀이를 하며 시간을 보내고 싶었다.

캠프지에서 자려고 침낭에 누우면 가족들이 가장 먼저 생각났다. 홀로 외로울 아내와 놀아 줄 아빠 없는 아이. 양가 부모님과 누나들… 휴대폰의 사진을 넘기다 보면 이미 여러 번 봤던 사진들이 눈에 들어온다. 가족들이 웃고 있으면 나도 웃고, 찡그리고 있으면 나도 찡그렸다. 사진을 좀 더 찍어 올걸.

집에 돌아가면 아이와 하고 싶은 일들을 수첩에 기록했다. 같이 요리하기, 무작정 버스나 지하철을 타고 어딘가로 가 보기, 산속에서 놀기, 박물관 가 보기, 같이 책 보기… 나가자고 투정을 부리는 아이와 산책을 가도 좋고, 집에서 소소한 놀이를 해도 좋고, 그냥 가만히 보고만 있어도 좋을 것 같았다. 생각만 해도 흐뭇하고 기분이 좋아졌다.

결혼 직후 바로 남극에 오기 시작했다. 결혼 날짜를 잡을 때는 남극에 가게 될 줄 상상도 못했는데, 막상 첫 남극 출장일이 결혼 2주 후로 잡혔을 때는 어찌 해야 하나 고민이 많았다. 신혼여행을 다녀오고 일주일 후 출국 일정이었다. 결혼하자마자 네 달간 아내와 생이별을 하게 되는 것을 어느 누가 바라겠는가. 결혼식을 당기거나 연기할 수도 없었고, 입남극일을 뒤로 미루는 것도 어려웠다. 아내는 어쩔 수 없는 일이라고 이해해 줬지만 가족들에게 미안할 수밖에 없었다. 그 후로 매년 11월이면 남극으로 떠나 짧게는 열흘, 길게는 다섯 달을 남극에서 보냈다.

아이는 3월생이다. 다행스럽게도 출산 예정일이 3월이라 아내 홀로 출산을 감당하지는 않겠다고 생각했다. 물론 힘든 임신 기간에 몇 달 동안 집을 비워야 했기에 아내에게는 항상 미안한 마음을 가지고 있었다. 이제와 사실을 고백하자면, 하마터면 아이의 출생을 보지 못할 수도 있었다. 출남극은 2월 말이고 출산 예정일은 3월 10일 이후라 당시에는 괜찮겠다고 생각했었다. 남극에서 나와 집에 도착한 날은 2월 28일, 2월의 마지막 날이었다. 그리고 아이는 이틀 뒤 3월 2일에 태어났다. 혹시라도 기상 악화로 출남극이 밀렸다면 상상도 하기 싫은 일이 벌어졌을지도 모른다. 남극에 있는 동안 아내는 홀로 이사를 하고 집 정리를 했는데, 아마도 그때의 스트레스 때문에 아이의 출산일이 빨라졌을 거라고 들어 미안한 마음이 더했다. 그리고 아빠가 돌아오기를 기다려 준 아이에게는 고마운 마음이 들었다.

매년 겨울 남극으로 떠나는 아빠에게 아이는 몇 밤을 자고 오냐고 물었다. 숫자를 세지 못하는 아이에게 열 밤이라고 거짓말을 하고 공항에 들어갈 때면 차마 발걸음이 떨어지지 않았다. 또 몇 달 동안 독박 육아를 하며 고생할 아내가 안쓰럽고 미안했다. 아내는 어쩔 수 없는 일이라고 이해해 줬지만, 남극을 다니면서 유일하게 가슴 아픈 일은 가족들과 함께할 수 없다는 것이었다.

장보고기지는 한국보다 4시간이 빨라 한국의 가족들은 아직 꿈나라에 있을 시간이다. 가족들과의 일상이 그리운 날이다. 아이가 일어나는 시간에 맞추어 영상 통화를 해야겠다고 생각했다.

EPILOGUE

펭귄의 삶을 응원하며

2020년 2월, 마지막으로 남극을 다녀온 지도 벌써 11개월이 흘렀다. 그동안 나는 직업이 바뀌어 극지 연구소에서 멸종위기종을 연구하는 기관으로 자리를 옮겼다. 언젠가는 극지

연구소를 떠나 다른 연구를 하게 될 거라는 것을 알고 있었지만, 막상 야생 펭귄을 더는 못 본다고 생각하니 실감이 나지 않았다.

지난 8년 동안 남극에서 많은 경험을 했다. 아쉬웠던 순간도, 즐거웠던 순간도 이젠 모두 추억이 되었다. 컴퓨터에는 그동안 찍었던 사진과 영상이 그대로 남아 있어 SNS로 펭귄 영상을 올리며 펭귄을 그리워하고 있다.

남극 소식을 들으며 아쉽지 않다고 한다면 그건 거짓말이다. 극지를 오가는 만 8년 동안 나의 삶의 중심은 남극과 펭귄이었다. 보던 자료와 사진들, 생각들, 기록의 많은 부분이 남극과 펭귄이었다. 직장을 옮겼다고 해도 이 모든 것들이 한순간에 머릿속에서 떠날 수는 없는 일이다. 당장이라도 남극으로 향하는 방법이 있다면 고민하게 될지도 모르겠다. 하지만 이미 선택을 했고, 이제 어쩌면 영원히 야생의 펭귄을 만나지 못할 수도 있다. 대신 그간의 사진과 영상들이 남아 남극을 추억하게 할 것이다. 다시 처음 남극에 갔을 때로 돌아갈 수 있다면 이런저런 더 많은 일을 할 수 있었을 텐데 하는 아쉬움이 가득하다.

무덥던 2019년 8월부터, 그동안 기록해 온 글들을 책으로 엮는 작업을 시작했다. 이제 책이 나오는 2월이면 케이프할렛에서 번식한 아델리펭귄들은 대부분 털갈이를 마치고 겨울이 시작되는 번식지를 떠나 바다를 유랑하고 있을 것이다.

어느 야생 동물의 삶이 쉽기야 하겠느냐만 특히나 남극 같은 극한 장소에서 살아가는 펭귄들은 조금은 더 힘든 삶을 이겨내고 있다고 생각한다. 펭귄을 연구하는 일은 이제 나에게서 조금 멀어졌다. 그러나 남극의 사람들과 그곳에서 생존하고자 열심인 펭귄들에게도 응원을 보낸다.

마지막으로 지난 9년간 매년 겨울마다 남극으로 향하는 나를 아무 불평 없이 응원해 주고 기다려 준 나의 가족 연희와 하진이에게 미안하고, 감사하단 말을 전하고 싶다. 이제 앞으로의 9년은 사랑하는 그들과 더 많은 시간을 보내고 싶다.

정진우

착한 펭귄 사나운 펭귄 이상한 펭귄
남위 74도, 펭귄의 길을 따라가다

1판 1쇄 인쇄 2020년 02월 13일
1판 1쇄 발행 2020년 02월 20일

지은이 정진우
펴낸이 안종남

펴낸 곳 지식인하우스
출판등록 2011년 3월 31일 제 2011-000058호
주소 04035 서울시 마포구 양화로7길 55(서교동) 신양빌딩 201호
전화 02)6082-1070
팩스 02)6082-1035
전자우편 book@jsinbook.com
블로그 blog.naver.com/jsinbook
페이스북 facebook.com/jsinbook
인스타그램 @jsinbook

ISBN 979-11-969029-4-0 03810

* 이 책은 저작권법에 따라 보호받는 저작물이므로 무단전재와 무단복제를 금합니다.
* 파손된 책은 구입하신 서점에서 교환해 드립니다.
* 책 값은 뒤 표지에 있습니다.